108

한국어 기초와 핵심정리

한국어 문법

韩国语基础和核心整理 108个韩国语语法

2

중국어로 설명되어 있어 중국인 누구나 할 수 있다!

동인랑

目录
목차

제1부 한국어 기초

1권 ☆문자와 발음 文字和发音

☆한글 기본음 구성방법 音节的构成

제2부 핵심정리 108개 한국어 문법

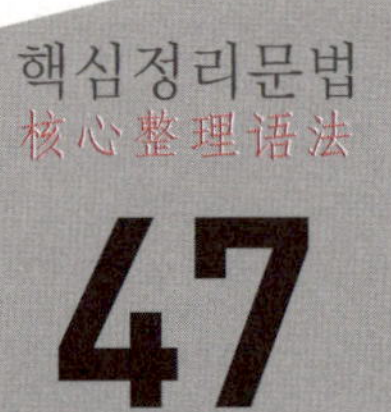

~지만 虽然~但是~

接在谓词词干后，表示转折的连接词尾。
肯定全面的内容，后接相反意义的句子。

谓词词干 + ~지만

形容词

미안하지만, 말씀 좀 묻겠는데요.
劳驾，请问。

그건 그렇지만, 오늘은 역시 무리입니다.
虽这么说，但今天还是不行。

动词

눈은 많이 내리지만 춥지는 않습니다.
雪下得很大，但不冷。

고래는 바다에서 살지만 포유동물입니다.
鲸生活在海里，却是哺乳动物。

存在词

돈은 없지만 행복한 가정입니다.
虽沒钱，但家庭幸福。

指定词

좋은 날씨는 아니지만 공원에 놀러 갈까요?
虽说天不太好，我们去公园玩吧。

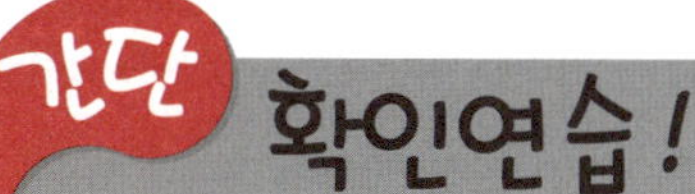 

확인연습! 简单确认练习

두 문장을 양보의 뜻을 가진 한 문장으로 만들어 보세요.
请把下面的两个句子，合为一个表示谦让的句子。

❶ 약간 맵다 + 맛있다

虽然很辣，但是很好吃。

▶▶ 맵다　辣

❷ 몸이 아프다 + 가려고 합니다

虽然痛，但是想去。

❸ 평일이다 + 사람이 많다

虽然是平日，但是人很多。

▶▶ 평일　平日

❹ 시간이 늦다 + 참석합니다

虽然迟了，但是要参加。

▶▶ 참석하다, 참가하다　参加

❺ 사람이 다 안 오다 + 시작합니다

虽然人还没都到，但是要开始。

정답 卷子은요~~

① 약간 맵지만 맛있다.　　② 몸이 아프지만 가려고 합니다.　　③ 평일이지만 사람이 많다.
④ 시간이 늦었지만 참석합니다.　⑤ 사람이 다 안 왔지만(오지 않았지만) 시작합니다.

7

48

~고 싶다 / ~고 싶어요. / ~고 싶습니다.

~고 싶어요? / ~고 싶습니까?

~고 싶어 합니다. / ~고 싶어 해요.

~고 싶다., ~고 싶어요?, ~고 싶어 합니다.

$$\text{存在词的词干} \atop \text{动词词干} \quad + \quad \begin{array}{l} \text{~고 싶다.} \\ \text{~고 싶어요?} \\ \text{~고 싶어 합니다.} \end{array}$$

例 한국에 1년쯤 더 있고 싶다.
想在韩国再呆一年。

현금 대신 카드로 지불하고 싶어요.
不想用现金，想用卡支付。

오늘은 일찍 눕고 싶습니다. 안녕히 주무세요.
今天我想早点睡，晚安。

"~고 싶다. / ~고 싶어요. / ~고 싶습니다." 表示欲望的固定格式，相当于汉语的"想~"第一人称。

"~고 싶어요? / ~고 싶습니까?" 用在第二人称，"想~吗?"。

"~고 싶어 합니다. / ~고 싶어 해요." 用在第三人称，表示主体的希望和愿望。还要表达"不想~"时用"~고 싶지 않습니다."。

例　여기에 더 있고 싶어요?

还想在这儿呆吗?

어떤 선물을 받고 싶습니까?

想要什么礼物?

커피 마시고 싶지 않아요?

不想喝杯咖啡吗?

그 분은 한국 노래보다도 한국 요리를 배우고 싶어 합니다.

和韩国歌曲相比那位先生更想学做韩国菜。

그 학생은 언제나 혼자 있고 싶어 해요.

那个学生总想一个人呆着。

오늘은 좋아하는 음악도 듣고 싶지 않습니다(않아요).

今天连喜欢的音乐也不想听。

 **확인연습!** | 简单确认练习 

다음의 문장을 보기와 같이 만들어 보세요.

请参考例子，把下面的句子做一下变形。

보기 갈비를 먹다 吃排骨

갈비 먹고 싶어요?　　예, 갈비 먹고 싶어요.　　아니오, 갈비 먹고 싶지 않아요.

---

❶ 맥주를 마시다 喝啤酒

| ? | . | . |

喝啤酒吗?　　是的, 想喝啤酒.　　不, 不想喝啤酒.

❷ 수영을 하다 游泳

| ? | . | . |

想游泳吗?　　是的, 想游泳.　　不, 不想游泳.

❸ 노래를 부르다 唱歌

| ? | . | . |

想唱歌吗?　　是的, 想唱歌.　　不, 不想唱歌.

❹ 영화를 보다 看电影

| ? | . | . |

想看电影吗?　　是的, 想看电影.　　不, 不想看电影.

❺ 배드민턴을 치다 打羽毛球

| ? | . | . |

想打羽毛球吗?　　是的, 想打羽毛球.　　不, 不想打羽毛球.

정답 卷子은요~~ 

① 맥주 마시고 싶어요? – 예, 맥주 마시고 싶어요. – 아니오, 맥주 마시고 싶지 않아요.

② 수영 하고 싶어요? – 예, 수영을 하고 싶어요. – 아니오, 수영을 하고 싶지 않아요.

③ 노래를 부르고 싶어요? – 예, 노래를 부르고 싶어요. – 아니오, 노래를 부르고 싶지 않아요.

④ 영화를 보고 싶어요? – 예, 영화를 보고 싶어요. – 아니오, 영화를 보고 싶지 않아요.

⑤ 배드민턴을 치고 싶어요? – 예, 배드민턴을 치고 싶어요. – 아니오, 배드민턴을 치고 싶지 않아요.

~를 / 을 좋아하다 喜欢~
~를 / 을 싫어하다 不喜欢~

用汉语可直译为 "喜欢~", "不喜欢~", "讨厌~",
前面要接目的格助词 "를" 和 "을"。

喜欢~, 不喜欢~, 讨厌~   ~를 / 을 좋아하다, ~를 / 을 싫어하다

例 우리 집사람은 요리보다 청소를 좋아해요.
与做饭相比，我老婆更喜欢打扫卫生。

전에는 소주보다 와인을 좋아했습니다.
与烧酒相比，以前我更爱喝葡萄酒。

그 학생은 수학과 물리를 싫어합니다.
那个学生不喜欢数学和物理。

그 여자는 담배 피우는 사람을 특히 싫어했어요.
她尤其讨厌抽烟的人。

확인연습! | 简单确认练习

보기와 같이 **질문**과 **대답**을 만들어 보세요.
请参考例子，写出提问和回答。

보기 음식–김치찌개 : 어떤 **음식**을 좋아해요? **김치찌개**를 좋아해요.

1 <u>스포츠 – 축구</u> : [?] [.]
喜欢什么体育运动?   喜欢踢足球。

2 영화 – 스릴러 : [?] [.]
喜欢看什么电影?   喜欢看恐怖片。

3 음악 – 가요 : [?] [.]
喜欢听什么音乐?   喜欢听歌谣。

4 과일 – 오렌지 : [?] [.]
喜欢吃什么水果?   喜欢吃橙子。

5 과목 – 역사 : [?] [.]
喜欢哪个科目?   喜欢历史。

정답 卷子은은~~

① 어떤 스포츠를 좋아해요? 축구를 좋아해요.　② 어떤 영화를 좋아해요? 스릴러를 좋아해요.
③ 어떤 음악을 좋아해요? 가요를 좋아해요.　　④ 어떤 과일을 좋아해요? 오렌지를 좋아해요.
⑤ 어떤 과목을 좋아해요? 역사를 좋아해요.

动词与目的格助词的搭配使用

¹ 交通工具 + 을/를 타다

² 人称代名词 + 을/를 만나다

³ 什么 + 을/를 견디다

⁴ 什么 + 을/를 이기다

---

1 / 乘坐~　　　~를/을 타다

例 경부선을 한번 **타보고** 싶어요.

想坐一次京釜线。

---

2 / 会见~　　　~를/을 만나다

例 박 선생님보다도 강 선생님을 **만나고** 싶어요.

与朴先生想比，更想见姜先生。

---

3 / 克服, 忍耐~　　　~를/을 견디다

例 겨울 등산은 추위를 **견디는** 게 어려워요.

冬天登山，寒冷难耐。

---

4 / 战胜~　　　~를/을 이기다

例 과연 도전자가 챔피언을 **이길** 수 있을까?

最终还是挑战者取胜了吧？

★ 韩国概况 한국개황

한국은 아시아동북한반도의 남부에 위치하고 있다. 동쪽으로는 동해, 서쪽으로는 중국의 산동반도를 서로 마주하고 있으며, 그 중간에는 황해가 있다.
한반도 해안선의 전체 길이는 17300여 Km에 이른다.

기후는 온대계절풍기후에 속하며 겨울철 추울 때 온도가 −12°C에 이르고 여름철 더울 때는 37°C에까지 이르기도 한다. 6월에서 7월은 장마철로 비가 많이 오며 연평균 강수량은 1500미리에 달한다.

정식국가 명칭은 대한민국이며 인구는 2012년 5000만에 이르렀다.
단일민족 국가로 세계에서 가장 독창적인 한글문자를 가졌으며 한국어를 사용하고 있다. 중국과는 1992년 정식수교를 맺어 지금까지 활발한 교류를 하고 있다.

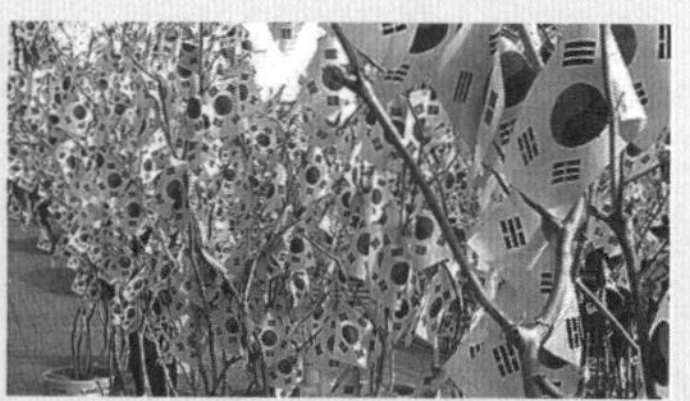

중국어 해석

韩国位于亚细亚东北韩半岛南部。东边有东海, 西边有中国山东半岛相视, 其中间有黄海。
韩半岛海岸线全体长度是17300多公里。
气候属于温带季节风气候冬天最冷的时候是零下12度左右, 夏天最热的时候37度左右。
6月到7月是下雨最多的雨季年平均降水量是1500毫升。
正式国家名称(国号)是大韩民国 2012年统计人口大约到达五千万左右。
韩国是单一民族国家在世界上创制最独特的文字(한글, hangeul)使用韩国语。在1992年与中国正式国交到现在，越来越增加交流。

51

~고

连接词尾 "~고" 接在谓词词干后, 构成接续谓语。

连接词尾 "~고" 接在谓词词干后, 有如下语法意义。

会话中尤其是以元音结束的体词 + "이고" 中的 "이" 可以省略。

单纯列举两件或两件以上的事实。

例 봄은 따뜻하고 가을은 선선해요.

春天暖和, 秋天凉爽。

여기에는 싸고 좋은 물건이 많아요.

这里有许多物美价廉的商品。

连接同时发生的两件事情。

例 형은 기타를 치고, 누나는 노래를 합니다.

哥哥弹吉他, 姐姐唱歌。

눈도 오고, 바람도 많이 불었어요.

下雪了, 風也很大。

例 일을 끝내고 한 잔하러 갈까요?

干完工作后，去喝一杯好吗？

영화를 보고 감상문을 썼습니다.

看完电影后，写了篇感想。

例 내일은 새 옷을 입고 외출합시다.

明天穿新衣服，出门好吗？

자전거를 타고 공원에 놀러 갔어요.

骑自行车去公园玩了。

이건 진달래(이)고, 저건 철쭉이에요.

这是金达莱花，那是山踯躅花。

아버지께서는 의사(이)시고, 어머니께서는 가정주부(이)십니다.

父亲是医生，母亲是家庭主妇。

문장마다 연결어 "고"의 의미를 잘 파악하고 넣어보세요.
请正确理解各文章中的连词"고"的意思，并完成填空。

① 영화도 보⬚ 놀이동산에도 갔었어요.　　　　▶ 놀이동산 游乐园
看了电影之后，又去了游乐园。

② 머리를 손질하⬚ 예식장으로 갑니다.
整理头发后，去婚礼场。

③ 드라마를 보⬚ 감동 했어요.
看了视剧之后，很受感动了。

④ 예약을 하⬚ 기다리기로 했어요.
豫约后就要等待了。

⑤ 신발을 벗⬚ 방으로 들어가야 됩니다.
脱掉鞋子后，应该进房间。

⑥ 집이 조용하⬚ 깨끗합니다.　　　　▶ 깨끗하다 干静
屋子又安静又干静。

⑦ 키가 크⬚ 잘 생겼어요.　　　　▶ 잘 생기다 俊
个子又高又俊。

⑧ 빠르⬚ 편안하게 왔어요.
又快又平安来的。

정답 卷子은은~~ 

①～⑧ 고

52

~ㄴ데 / ~는데 / ~은데

接在谓词词干, 体词谓词形, 时称词尾"았, 었, 였",
尊称词尾"시, 으시"后。

~ㄴ데, ~는데, ~은데

动词 (는)
形容词 (ㄴ / 은)
存在词 (는)
指定词 (ㄴ)

谓词 + 데

补助词干

动词: 시 / 으시 + 는데
其他: 시 / 으시 + ㄴ데
았 / 었 / 겠 + 는데

例 좀 비싼데 그래도 살까요? 虽稍有点贵, 还是买了吧?

짐이 많은데 어떻게 하지? 行李很多, 怎么办呢?

눈이 많이 오는데 괜찮아? 雪下得很多, 没关系吧?

언제나 건강하신데 무슨 비결이라도 있습니까?
您总是这么精神, 有什么秘诀吗?

비자를 찾으러 왔는데 어디로 가면 돼요? 我来取签证, 去哪取呢?

시간이 꽤 걸리겠는데 택시를 탈까요? 好像得很长时间, 乘出租好吗?

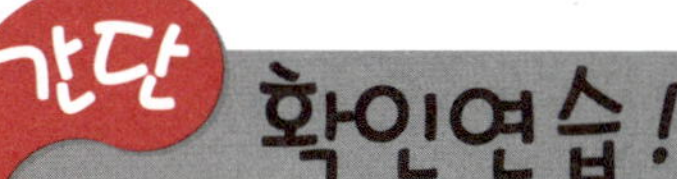

확인연습! | 简单确认练习

보기와 같은 형태로 만들어 보세요.
请参考例子，完成下面的句子。

보기 비가 많이 온다 오는데 운전하기가 괜찮아요?
下大雨了，开车怎么样？

---

1 친구가 결혼한다 ⬤⬤⬤ 무엇을 선물할까?
朋友结婚，该送什么礼物呢？

2 자동차 열쇠를 잃어버렸다 ⬤⬤⬤ 어떻게 하지!
自动车钥匙丢了，该怎么办！
▷ 잃어버리다 丢

3 가격이 많이 올랐다 ⬤⬤⬤ 그래도 살까요?
价格涨价了很多，那也买的？

4 시간이 많이 걸린다 ⬤⬤⬤ 기다리시겠어요?
需要很长时间，那也等待吗？

5 무겁다 ⬤⬤⬤ 같이 들까요?
很重，一起抬呢？
▷ 무겁다 重

정답 卷子은은~~

① 결혼하는데　② 잃어버렸는데　③ 올랐는데　④ 걸리는데　⑤ 무거운데

53

~지요. / ~지요?

1/ 用于阵述句的终结词尾 "~지요."。表示说话者对听者表明
自己的判断和思考, 另外, 也表示说话者的意思, 加上尊敬词
尾 "~시", 则构成命令形。

2/ 用于疑问句的终结词尾 "~지요?", 表示话者希望对方确认自
己的判断和想法, 即 "疑问词+지요?" 的表现形式比一般的
疑问句要显得委婉许多。

---

1 用于阵述句的终结词尾 "~지요."。表示说话者对听者表明自己的判断和
思考, 另外, 也表示说话者的意思, 加上尊敬词尾 "~시", 则构成命令形。

例 한국에도 장마가 있지요.　　　　韩国也有梅雨季节。

제가 한 번 보러 가지요.　　　　我想去看看。

여기서 잠깐 기다리시지요.　　　　请在这儿稍等片刻。

---

2 用于疑问句的终结词尾 "~지요?", 表示话者希望对方确认自己的判断和
想法, 即 "疑问词+지요?" 的表现形式比一般的疑问句要显得委婉许多。

例 바다보다도 산을 좋아하지요?　　　比海更喜欢山吧?

방금 전에 전화하신 분이지요?　　　刚才打电话的哪位吧?

공항까지 얼마지요?　　　　到机场有多远?

核心整理

○ 发音变为 "~지요. 下降" 和 "~지요? 上升" 也经常使用缩减形 "~죠." 和 "~죠?"

다음 문장을 평서문은 의문문으로, 의문문은 평서문으로 만드세요.

请把下面叙述文改为疑问句，而疑问句则改为叙述文。

1 서울은 비교적 물가가 비싸요.
首尔(汉城)的物价比较贵的。
▶ 비교적 比较

2 내일은 휴일이지요?
明天是休息日呢？
▶ 휴일 休息日

3 방에는 아무도 없지요?
房间里谁也不在呢？

4 버스보다 지하철이 빠릅니다.
地铁比公共汽车快的。

5 스포츠 경기는 감동이 있습니다.
体育比赛是有所感动。
▶ 감동, 감동하다 感动

정답 卷子은요~~

① 서울은 비교적 물가가 비싸지요? ② 내일은 휴일입니다. ③ 방에는 아무도 없습니다.
④ 버스보다 지하철이 빠르지요? ⑤ 스포츠 경기는 감동이 있지요?

54

있다 / 없다　存在词
이다 / 아니다　指定词

存在词和指定词的定语形

存在词

基本型	过去	现在	未来
있다	-(었)던	-는	-을
없다	-(었)던	-는	-을

例　집 앞에 있던 가게　　家门前的小店

욕심이 없는 사람　　沒有野心的人

指定词

基本型	过去	现在	未来
이다	-(었)던	-ㄴ	-ㄹ
아니다	-(었)던	-ㄴ	-ㄹ

例　포유동물인 고래　　哺乳动物鲸

사실이 아니었던 뉴스　不真实的消息

확인연습! 简单确认练习

보기와 같이 **꾸미는 말**로 바꾸어보세요.
请参考例句，将下面的句子改为修饰句。

보기 건물 안에 **있다** / 커피숍　　건물 안에 **있는** 커피숍
在建筑物里　　咖啡亭　　建筑物里的咖啡亭

---

1 학교에 **있다** / 동상
在学校里　　铜像

学校里的铜像

2 빈자리 **없다** / 연회장
没有空位　　宴会场

没有空位的宴会场

3 통화중**이다** / 과장님
通话着　　科长

通话着的科长

4 싸울 일이 **아니다** / 일
不是战斗　　　事

它不是战斗的事

5 상대가 **없다** / 실력
没有相对　　实力

没有相对的实力

정답卷子은요~~

① 학교에 있는 동상　② 빈자리가 없는 연회장　③ 통화중인 과장님
④ 싸울 일이 아닌 일　⑤ 상대가 없는 실력

~처럼 像~一样

接在体词后, 表示某种姿态, 动作像什么一样的助词,
与 "~같이" 意义相同。另外, "~처럼은" 表示 "像~一样",
"~만큼은" 表示 "像~样的程度等"。

象~一样　~처럼

例 새**처럼**(=새같이) 하늘을 날고 싶어요.
想像鸟一样在空中飞。

마치 가수**처럼**(=가수같이) 노래를 부릅니다.
像歌手一样唱歌。

김 선생님**처럼**(=선생님같이) 발음하세요.
请像金老师那样发音。

이 영화는 원작소설**처럼은**(=원작소설만큼은) 재미있지 않습니다.
这部电影没有小说原作那样有味道。

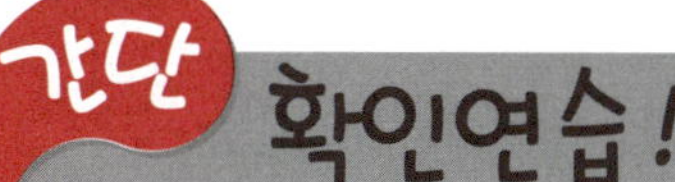

확인연습! | 简单确认练习

서로 견주어 보아 **비슷하거나 같을 때 나타내는 말**을 넣어보세요.
请填写相比较时，表示相似或一样的助词。

❶ 네 동생도 너　키가 크다.
你弟弟像你一样个子高。

❷ 나도 너　요리를 잘할 수 있다.
我像你一样会做菜。

❸ 선생님이 나타나자 일단 싸움은 중단되는 것　보였다.
老师出现了，动手就好像中断了似的。　　　▶ 중단하다, 중단되다　中断

❹ 넌 참 바보　살았구나.
你真像傻人一样过了日子。

❺ 그 아이는 곰　미련하다.　　　　　　　　▶ 미련하다　蠢
那个孩子像大熊一样蠢。

정답 卷子은요~~

① ~ ⑤ 처럼(=같이)

56 ~게

接在形容词的词干后, 将形容词变为副词形,
修饰动词和存在词 "있다"。

接在形容词的词干后, 将形容词变为副词形。

例 좀 더 **싸게** 해 주세요.
请再便宜点。

싸다 ◦◦◦ 싸게

TV 소리를 좀 더 **크게** 합시다.
再把电视音量调大点吧。

크다 ◦◦◦ 크게

지난 일요일에는 **재미있게** 놀았습니까?
上周星期天玩得好吗?

재미있다 ◦◦◦ 재미있게

최근에는 눈썹을 **가늘게** 그리는 게 유행이지.
最近流行描细眉。

가늘다 ◦◦◦ 가늘게

조용한 곳에서 **편안하게** 있고 싶습니다.
想呆在安定的地方。

편안하다 ◦◦◦ 편안하게

 **확인연습!** 简单确认练习

아래 단어들을 보기와 같이 고쳐 보세요.
请按照例子，将下面的单词做一下变形。

보기 TV 소리를 좀 더 크다 크게 올리다.
电视声音更响亮。

---

❶ 철수가 꼭 참석하다 　　　 하자.
一定让哲洙参加吧。

❷ 오늘은 혜영이를 쉬다 　　　 하는 것이 좋겠다.
今天就让惠永休息吧。

❸ 우리는 저녁 늦다 　　　 식사를 하다 　　　 되었다.
我们晚饭就吃完一点迟到了。

❹ 예쁘다 　　　 차려입고 어디 가니?
穿的那么漂亮去哪儿?

▶ 차려입다, 입다 穿

❺ 정원을 아름답다 　　　 가꾸는 것이 우리가 할 일이다.
就让庭园美的，整理庭园是得我们应该做的事。

▶ 가꾸다 整理
▶ 할 일 应该做的事

정답 卷子은요~~

① 참석하게　② 쉬게　③ 늦게, 하게　④ 예쁘게　⑤ 아름답게

57 르 变音规则

以"르"结尾的动词,形容词词干后接"아/어,아요/어요,아서/어서,았/었"时,"르"音消失,前边的音节添加收音"ㄹ",后面的"아/어"变为"라/러"。注意,当"르"音前为阳性元音时,应变为"ㄹ라",当为阴性元音时,应变为"ㄹ러"。

르 变音规则

基本型 기본형	词干 + 았/었	词干 + 아/어
고르다 挑选	고르 + 았다 = 골랐다.	고르 + 아요 = 골라요.
빠르다 快	빠르 + 았다 = 빨랐다.	빠르 + 아요 = 빨라요.
부르다 饱了	부르 + 었다 = 불렀다.	부르 + 어요 = 불러요.
흐르다 流	흐르 + 었다 = 흘렀다.	흐르 + 어요 = 흘러요.

注意 주의

以"르"音结束的形容词词干,除了"푸르다(藍),누르다(黃)"以外,全都遵循"르"音变规则。

확인연습! 简单确认练习

아래의 변화에 따라 들어갈 말을 넣어보세요.
根据下列单词的变化，请填写正确的表达方式。

① 고르다　고르 + 아요 －　　　　－　그곳에 가면 옷은 마음대로 　　　　.
选择　　　　　　　　　　　　　　到了那个地方你可以随便选择衣服的。

② 흐르다　흐르 + 어요 －　　　　－　그곳에는 아직도 시내물이 　　　　.
流水　　　　　　　　　　　　　　那个地方还在流小溪的。

③ 오르다　오르 + 아　－　　　　－　산에 　　　　가면 시내가 다 보여요.
登　　　　　　　　　　　　　　　登上山就能看到整个城市的。

④ 다르다　다르 + 아　－　　　　－　얼굴 모습이 많이 　　　　졌어요.
区别　　　　　　　　　　　　　　脸的模样跟过去很区别了。

⑤ 부르다　부르 + 어요 －　　　　－　배가 많이 　　　　.
饱　　　　　　　　　　　　　　　吃得肚子很饱了。

정답 卷子은요~~

① 골라요　② 흘러요　③ 올라　④ 달라　⑤ 불러요

~아 / ~어 / ~여 连用形

"~아/~어/~여" 可连接两个谓词, 称做连用形。

"~아/~어/~여" 可连接两个谓词, 称做连用形。

区分	两个谓词	连用形	
阳性语干 + 아	사다 + 오다	= 사오다	买来
	앉다 + 있다	= 앉아있다	坐着
阴性语干 + 어	들다 + 가다	= 들어가다	进去
	뛰다 + 오다	= 뛰어오다	跑来
~하다 + 여 = 하여 = 해	말하다 + 보다	= 말하여보다 = 말해보다	说说看
	준비하다 + 두다	= 준비하여 두다 = 준비해 두다	准备好

注意 주의

谓词指动词和存在词。

核心整理

- 阳性语干 + 아
- 阴性语干 + 어
- ~하다 + 여 = 하여 = 해

보기를 보고 문장을 만들어 보세요.
请参考例句，完成下列句子。

보기 자전거를 사다 / 주다 (할아버지) 할아버지께서 자전거를 사주셨어요.
爷爷给我买了自行车。

---

❶ 역까지 데려가다 / 주다 (친구)

朋友把我送到车站了。

❷ 리포트를 고치다 / 주다 (선배)

前辈给我修改了报告书。

❸ 사진을 찍다 / 주다 (동생)

弟弟给我照了像。

❹ 문제를 설명하다 / 주다 (선생님)

老师给我们说明了问题。

❺ 그림을 그리다 / 주다 (후배)

后辈给我画了画。

정답 卷子은요~~

① 친구가 역까지 데려가 주었어요. ② 선배가 리포트를 고쳐 주었어요.
③ 동생이 사진을 찍어 주었어요. ④ 선생님께서 문제를 설명해 주셨어요.
⑤ 후배가 그림을 그려 주었어요.

~아 / ~어 / ~여 + 주다
~아 / ~어 / ~여 + 드리다

韩国语中, 他动词和存在词后接连用形 "~아 / ~어 / ~여",
再接动词 "주다", 表示为某人做事, 或请求别人做某事,
"~아 / ~어 / ~여 + 주다" 又称做补助动词。

"드리다" 为 "주다" 的尊敬语, "~아 / ~어 / ~여 + 드리다"
则表示自谦, 为 "~아 / ~어 / ~여 + 주다" 的尊敬形式。

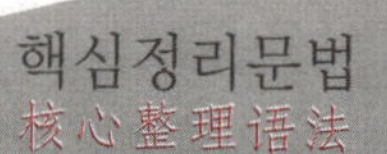 아기를 안아 주세요. 请抱抱孩子。

저를 안아 주세요. 请抱住我。

동생에게 책을 읽어 주었어요. 给弟弟读书了。

저에게도 책을 읽어 주었어요. 也给我读书了。

조금 후 전화해(전화하여) 주세요. 请过会儿来电话吧。

떨어진 단추를 달아 드릴까요? 我给您缀上扣子好吗?

하루 종일 어머니를 도와 드렸습니다. 一天到晚帮妈妈。

기념사진을 찍어 드릴까요? 给您照张记念相吧。

강 선생님께 일본말을 가르쳐 드리고 싶어요. 想教给姜先生日语。

부모님을 기쁘게 하여(기쁘게 해) 드립시다. 让父母高兴吧。

核心整理

○ "~아/~어/~여 + 드리다" : "~아/~어/~여 + 주다" 的尊敬形式。

보기와 같이 만드세요.

请参考例句，完成下面的句子。

보기	약도를 그리다	약도를 그려 드리다
	画略图	给他画略图

① 전화번호를 적다
记电话号

给他记电话号

② 사진을 찍다
照像

给他照像

③ 주소를 알리다
告诉地址

告诉他地址

④ 잔돈을 바꾸다
找零钱

给他找零钱

⑤ 핸드폰을 빌리다
借手机

给他借手机

정답 卷子은요~~

① 전화번호를 적어 드리다　② 사진을 찍어 드리다　③ 주소를 알려 드리다
④ 잔돈을 바꾸어(바꿔) 드리다　⑤ 핸드폰을 빌려 드리다

핵심정리문법
核心整理语法

60

너무

副词　너무

 너무 맵지 않게 해 주세요.
请不要做得太辣。

그 음악은 너무 시끄럽지 않나요?
那个音乐太吵吧?

설명이 너무 어려워요?
说明太难吗?

여행비용이 너무 많이 들었어요.
旅费花得太多了。

저는 한국 음식을 너무 좋아해요.
我太喜欢吃韩国料理了。

공통으로 들어갈 **부사**를 넣고 문장의 의미를 말해보세요.
请填入能够共同使用的副词，并说出文章的意思。

1 사람이 〇〇〇 많이 왔어요.
人来的太多了。

2 문제가 〇〇〇 어려운거 같아요.
出的问题好像太难了。

3 등록금이 〇〇〇 비싸요.　　　　　　　▷ 등록금 登录金
登录金太贵了。

4 물가가 〇〇〇 올랐어요.　　　　　　　▷ 물가 物价
物价上涨的太多了。

5 〇〇〇 심하게 말하지 마세요.　　　　　▷ 심하다, 지나치다 过分
不要说的太过分。

정답 卷子은요~~

①~⑤ 너무

61

~네요.

"~네요."是比 "~아요.", "~어요." 和 "~ㅂ니다.", "~습니다." 语气柔和的终结词尾, 多用于口语, 表轻微的感叹。
末音节收音 "ㄹ" 时, "ㄹ" 脱落, "ㄹ" 以外的其他音节直接接 "~네요."。

语气柔和的终结词尾, 多用于口语, 表轻微的感叹。

存在词
指定词
形容词
动词　　＋ 네요.
~았/~었
~시
~겠

存在词	한국 사람들은 유머가 있네요.	韩国人很幽默啊。
指定词	아주 재미있는 사람이네요.	他很有趣。
形容词	지하철이 참 편리하네요.	地铁真方便啊。
动词	당신은 뜨거운 것도 잘 드시네요.	您也真能吃烫的东西呀。
~았/~었	중계방송이 벌써 끝났네요.	传播已经结束了。
~시	한글을 잘 쓰시네요.	你韩国语写得真好啊。
~겠	오늘도 상당히 덥겠네요.	今天好像也很热啊。

감탄적인 의미가 되도록 적당한 말로 선택해보세요.
请填入适当的表达方式，将句子便成为感叹句。

❶ 야구를 잘합니다.
棒球打的好

棒球打的真好啊。

❷ 걸음이 빠르다.
走路快

走的真快啊。

❸ 서점이 가깝다.
书店很近

书店很近啊。

❹ 음식이 맛있다.
好吃

真好吃啊。

❺ 화질이 좋습니다.
画质好

画质真好啊。

▶ 화질 画质

정답 卷子은은~~

① 야구를 잘하네요.　② 걸음이 빠르네요.　③ 서점이 가깝네요.　④ 음식이 맛있네요.　⑤ 화질이 좋네요.

62

~아서 / ~어서 / ~여서 / ~(이)라서

接在除时制词尾 "았 / 었 / 겠" 以外的谓词词干后, 表示理由、根据。"이라서" 接在体词后。

"~아서 / ~어서 / ~여서" 不能接在命令句和共动句中, 表示理由、根据、先行动作。

"~아서 / ~어서 / ~여서 / ~(이)라서" 表示理由、根据、先行动作。

指定词的词干 ＋ 어서 〈이어서=여서〉 / 라서

存在词的词干 ＋ 어서

形容词的词干
动词的词干 ＋ 아서 / 어서

~하 词干 ＋ 여서 〈하여서=해서〉

补助词干(으)시 ＋ 어서 〈(으)시어서=(으)셔서〉

例 전문가가 아니어서(=아니라서) 잘 모릅니다.   因为不是专家, 所以不太清楚。

약속이 있어서 먼저 실례합니다.   因为有约, 所以我先走了。

요즘 일이 많아서 좀 피곤해요.   因为最近事多, 所以有点累。

면세점에 가서 기념품을 살까요?   去免税店买纪念品好吧?

집이 너무 깨끗해서 오히려 부담이 돼요.   家里太干净了, 反而感到不随便了。

한국에 오래 사셔서 한국말이 유창하시네요.   在汉城生活久了, 韩国语很流利。

 **확인연습!** | 简单确认练习 

두 문장을 보기와 같이 만드세요.
请参考例句，把下面的两个句子合为一个句子。

보기 한국에 오다 + 한국어가 늘었다　　한국에 와서 한국어가 늘었다.
来韩国　　　　　提高韩国语水平　　来到韩国后韩国语水平提高了。

---

❶ 커피를 타다 + 마시다
冲咖啡　　　　喝　　　　　　　　冲着咖啡喝。

❷ 일찍 오다 + 기다리다
早来　　　　等待　　　　　　　早来等待着。

❸ 전을 부치다 + 같이 먹었다
烙饼　　　　　一块吃　　　　　烙了饼之后一块吃了。

❹ 슈퍼에 가다 + 생필품을 사다
去小卖店　　　买生活用品　　　去小买店买了生活用品。

❺ 친구를 만나다 + 음악회에 갔다
遇见朋友　　　　去音乐会　　　遇见朋友之后，去了音乐会。

정답 卷子은요~~

① 커피를 타서 마시다　　② 일찍 와서 기다리다　　③ 전을 부쳐서 같이 먹었다.
④ 슈퍼에 가서 생필품을 사다　　⑤ 친구를 만나서 음악회에 갔다.

63

~아지다 / ~어지다 / ~하여(해)지다

1 接于表示状态的形容词词干后, 表示一个渐进的过程。

2 接于动词词干后, 表示被动。

3 表示逐渐消失。

~아지다 / ~어지다 / ~하여(해)지다

指定词的词干
存在词的词干
形容词的词干
动词的词干   + 아지다 / 어지다 / 하여(해)지다
~하 词干
补助词干(으)시

例 한국어 발음이 점점 좋아지고 있네요.　韩国语发音越来越好了。

주말부터는 차츰 추워지겠습니다.　从周末渐渐变得冷了。

하루 종일 청소를 해서 집이 깨끗해졌어요.　一天到晚打扫, 家里变得干净了。

주어진 시간 안에 모두 끝냅시다.　在规定时间内完成吧。

훌륭한 전통이 많이 없어졌어요.　优秀的传统渐渐消失了。

확인연습! 简单确认练习

보기와 같이 만드세요.
请参考例子，将下面的句子做一下变形。

보기	날씨가 **덥다**	날씨가 **더워졌어요.**
	天气热	天气热了。

❶ 야채 값이 **싸다**
蔬菜价便宜

蔬菜价格便宜了。

❷ 날이 **어둡다**
天黑

天黑了。

❸ 옷이 **작다**
衣服小

衣服小了。

❹ 날이 **밝다**
天亮

天亮了。

❺ 치마가 많이 **짧다**
裙子很短

裙子很短了。

정답 卷子은은~~

① 야채 값이 싸졌어요.　　② 날이 어두워졌어요.　　③ 옷이 작아졌어요.
④ 날이 밝아졌어요.　　⑤ 치마가 많이 짧아졌어요.

64

~아하다 / ~어하다

接在表示感情, 感觉的形容词词干后, 表示具有这种感觉, 也就是说将形容词动词化。

举几个例 "싶어하다", "좋아하다", "싫어하다" 就是由 "싶다", "좋다", "싫다" 的词干接 "~아하다" 和 "~어하다"。

~아하다 / ~어하다

规则	~아하다		~어하다	
	좋다 好	– 좋아하다 喜欢	싫다 不想, 讨厌	– 싫어하다 讨厌
ㅂ音变规则	춥다 冷	– 추워하다 感到寒冷	밉다 厌恶	– 미워하다 厌恶
으音变规则	아프다 疼	– 아파하다 感到疼痛	기쁘다 高兴	– 기뻐하다 感到高兴
~하다	쓸쓸하다 寂寞	– 쓸쓸해하다 感到寂寞	불안하다 不安	– 불안해하다 感到不安

확인연습! 简单确认练习

보기와 같이 짝지어진 단어를 넣어서 문장을 완성해보세요.
请参考例句，使用下面的各组单词来完成句子。

| 보기 | 춥다 – 기뻐하다
冷　　感到高兴 | 날씨가 몹시 추웠기 때문에 나는 회사에 출근할 필요가 없어져서 매우 기뻐했다.
因为天气特别冷，我不用去公司上班，我感到很高兴。 |

1 좋아하다 – 싫어하다
喜欢　　讨厌

我们班的李同学我很喜欢, 但是我很讨厌张同学。

2 기뻐하다 – 아파하다
感到高兴　感到心痛

我的期中考试成绩上升了感到很高兴，
但是金同学有病没能参加考试，我感到心痛。

3 미워하다 – 아파하다
厌恶　　感到心痛

有时我很厌恶他的臭脾气，
但对他的人生感到心痛。

4 쓸쓸하다 – 좋다
寂寞　　　好

平常家里没有人的时候很寂寞，
但是家里来了客人心情特好。

정답 卷子은요~~

① 나는 우리 반의 동급생 이씨는 매우 좋아하지만, 장씨는 싫어한다.
② 나는 중간고사 성적이 오른 것에 기뻐했지만, 같은 반 친구 김씨가 병이 나 시험을 볼 수 없었음에 마음 아파했다.
③ 나는 때로 그의 못난 성격을 미워하지만 그의 인생에 대해서는 마음 아파한다.
④ 평상시 집에 사람이 없을 때 매우 쓸쓸하지만 집에 손님이 오면 기분이 정말 좋다.

~ㄹ / ~을 수 있다
~ㄹ / ~을 수 없다

从上述例中可以看出，"수" 表示 "方法"，"手段"，接在未来时定语词尾 "ㄹ /(을)" 后，与 "있다"，"없다" 搭配使用，分别表示 "可能~"，"不可能~"。

~ㄹ/~을 수 있다 / 없다

元音词干	+ ㄹ 수	
动词的ㄹ语干 脱落	+ ㄹ 수	+ 있다 / 없다
辅音词干	+ 을 수	可能　不可能

例 좀 어렵지만 이해할 수 있겠지요? 　　虽然有点难，还能理解是吧?

혼자서는 보고서를 만들 수 없어요. 　　一个人做不了报告书。

그 가게를 찾을 수 있을까요? 　　能找到那家商店吗?

내일 이사를 도울 수 없어요? 　　明天不能帮忙搬家吗?

새 뉴스를 들을 수 있었어요. 　　能听新消息了。

 **확인연습!** 简单确认练习 

동사를 보기와 같이 만들어 보세요.
请参考例句，把下面句子中的动词做一下变形。

보기 한국어 뉴스를 **듣다**　　한국어 뉴스를 **들을 수 있었어요.**
听韩国新闻　　　　　　　能听得到韩国新闻了。

---

① 혼자서 찾아 **가다**
自己去找的　　　　　　　我能自己去找的。

② 이곳에 **주차하다**
这个地方停车　　　　　　这个地方能停车的。

③ 스키를 **타다**
滑雪　　　　　　　　　　能滑雪的。

④ 한글을 **쓰다**
写韩文　　　　　　　　　能写韩文的。　　　　▶ 한글 韩文

⑤ 영어를 **말하다**
说英语　　　　　　　　　会说英语的　　　　　▶ 영어 英语

정답 卷子은인~~

① 혼자서 찾아 갈 수 있어요.　② 이곳에 주차할 수 있어요.　③ 스키를 탈 수 있어요.
④ 한글을 쓸 수 있어요.　⑤ 영어를 말할 수 있어요.

66

못~ / ~지 못하다

是表示不可能的否定词形, 谓词前接 "못"(前置否定形),
谓词后接 "~지 못하다."(后置否定形)。
在这里, 表示动作的主体因外部原因而不能做某事。

못~ / ~지 못하다.

基本形	现在形	过去形
가다 去	못 가다 = 가지 못하다	못 갔다 = 가지 못했다
울다 哭	못 울다 = 울지 못하다	못 울었다 = 울지 못했다
대답하다 回答	못 대답하다 = 대답하지 못하다	못 대답했다 = 대답하지 못했다
연락하다 联络	못 연락하다 = 연락하지 못하다	못 연락했다 = 연락하지 못했다

简单确认练习

다음 문장에서 "못"과 "~지 못하다"를 사용하여 서로 뜻이 통하도록 바꾸어 보세요.

请使用 "못" 和 "~지 못하다"，使下面的两个句子意思相通。

❶ 한글을 못 읽어요.
读不了韩文

读不了韩文的。

❷ 양고기를 못 먹어요.
不能吃羊肉

不能吃羊肉的。

❸ 우유를 못 마셔요.
喝不了牛奶

喝不了牛奶的。

❹ 붓글씨를 잘 쓰지 못해요.
写不好毛笔字

写不好毛笔字的。

▶ 붓글씨 毛笔字

❺ 그 부분은 대답을 하지 못했어요.
没能回答出那个部分的

没能回答出那个部分的。

▶ 대답하다, 대답을 하다 回答

정답 卷子은요~~

① 한글을 읽지 못해요. ② 양고기를 먹지 못해요. ③ 우유를 마시지 못해요.
④ 붓글씨를 잘 못 써요. ⑤ 그 부분은 대답을 못 했어요.

Track 21

67

~ㄹ / ~을 줄 알다
~ㄹ / ~을 줄 모르다

动词的未来时定语词尾 "ㄹ/을" 后接 "줄 알다", "줄 모르다",
表示有没有做某事的能力, 还是65号的语法现象的 "수"
(方法, 手段) 所表示的语法意义完全相同。虽然谓词后均可接
"~ㄹ/을 줄 알다", "~ㄹ/을 줄 모르다" 但意义各不相同。
这里主要讲动词词干后接 "~ㄹ/을 줄 알다"。

~ㄹ/~을 줄 알다., ~ㄹ/~을 줄 모르다.

元音词干	+ ㄹ 줄	
动词的 ㄹ 语干 脱落	+ ㄹ 줄	+ 알다 / 모르다
辅音词干	+ 을 줄	可能　不可能

例 오토바이를 **탈 줄 알아요?**　　아니오. **탈 줄 몰라요.**
会骑摩托吗?　　　　　　　　　　不, 不会。

김치를 **만들 줄 알아요?**　　　아니오. **만들 줄 몰라요.**
会做泡菜吗?　　　　　　　　　　不, 不会。

사전을 **찾을 줄 알아요?**　　　네, 물론 **찾을 줄 알지요.**
会查字典吗?　　　　　　　　　　会, 沒门题。

간단 확인연습!　简单确认练习

서로 **반대**되는 문장으로 만드세요.
请写出与下面句子相反意思的句子。

❶ 운전 **할 줄 압니다**.
会开车的

不会开车呢。

❷ 수영을 **할 줄 알아요**.
会游泳

不会游泳的。

❸ 김치를 **담글 줄 알아요**.
会做泡菜

不会做泡菜的。　　▶ 김치를 담그다　做泡菜

❹ 치즈를 **만들 줄 모릅니다**.
不会做奶酪

会做奶酪的。　　▶ 치즈　奶酪

❺ 피아노를 **칠 줄 모릅니다**.
不会弹钢琴

会弹钢琴的。

정답 卷子은요~~

① 운전 할 줄 모릅니다.　② 수영 할 줄 몰라요.　③ 김치를 담글 줄 몰라요.
④ 치즈를 만들 줄 압니다.　⑤ 피아노를 칠 줄 압니다.

~을 / ~를 잘
~을 / ~를 못   + 动词
~을 / ~를 잘 못

表示 "擅长做什么, 做得好", "~을/를 잘 + 动词"

还不能做时用 "~을/를 못 + 动词"

虽然能做, 但做得不好时用 "~을/를 잘 못 + 动词"。

~을/를 잘, ~을/를 못, ~을/를 잘 못 + 动词

~을/를 잘   + 动词 = 什么事做得好

~을/를 못   + 动词 = 不能做~

~을/를 잘 못 + 动词 = 沒能做好~

例 형규학생도 일본말을 잘 하지요?　　아니요, 저는 아직 멀었어요.
亨奎学生的日本语也很好吗?　　不, 我还差得远呢。

한국요리도 잘하십니까?　　한국요리는 아직 잘 못 만들어요.
你也很会做韩国菜吧?　　韩国菜还做不好。

숙희씨는 테니스를 잘 쳐요?　　아뇨, 전 전혀 못 쳐요.
淑姬小姐网球打得好吗?　　不, 我一点儿也不会。

다음의 문장을 의문문으로 만들고 자유롭게 대답해보세요.
请把下面的句子改成疑问句，并任意回答。

	의문문	대답
❶ 기타를 잘 치다 吉它弹的好	? 吉它弹的好吗?	. 不，弹的不好。
❷ 중국요리를 잘 합니다. 中国菜做的好	? 中国菜做的好吗?	. 不，做的不好。
❸ 수영을 잘 합니다. 游泳游的好	? 游泳游的好吗?	. 是的，游的好。
❹ 춤을 잘 춰요. 跳舞跳的好	? 跳舞跳的好吗?	. 不，跳舞跳的不好。
❺ 배드민턴을 잘 칩니다. 羽毛球打的好	? 羽毛球打的好吗?	. 是的，打的非常好。

정답 卷子은은~~

① 기타를 잘 쳐요? 아니오. 잘 못 쳐요.　② 중국요리를 잘 합니까? 아니오. 잘 못 합니다.
③ 수영을 잘 합니까? 예, 잘 합니다.　④ 춤을 잘 추나요? 아니오, 잘 못 춰요.
⑤ 배드민턴을 잘 칩니까? 예, 아주 잘 칩니다.

핵심정리문법 核心整理语法

69

ㅅ 音变规则

部分以收音 "ㅅ" 为末音节的谓词后接元音时, "ㅅ" 音脱落。
这里所说的谓词主要指动词, 部分形容词也有这种音变现象,
比如 "낫다(病愈)"。

ㅅ 音变规则

基本型	~아요./어요.	~았/었	~으면	~을까요?	~을 수 있어요.
낫다 病愈	나아요.	나았어요.	나으면	나을까요?	나을 수 있어요.
짓다 做	지어요.	지었어요.	지으면	지을까요?	지을 수 있어요.

动词种类

긋다 画(线), 낫다 病愈, 붓다 注入, 倒 , 잇다 连接, 젓다 划(船), 짓다 做(饭)...

注意 주의

不变动词

벗다 脱, 빗다 梳, 빼앗다 夺走, 솟다 湧出, 씻다 洗, 웃다 笑...

확인연습! 简单确认练习

"긋다, 낫다, 붓다, 잇다, 짓다" 등의 어간이 "ㅅ"으로 끝나는 동사나 형용사가 모음 "-아/어, -(으)세요"를 만나면 "ㅅ"이 탈락한다. 이것을 한국어에서는 **"ㅅ 불규칙"**이라고 한다.

"긋다, 낫다, 붓다, 잇다짓다" 等词干以"ㅅ"结束动词或形容词后边接"-아/어, -(으)세요"的话"ㅅ"将脱落。在韩国语中这种现象叫做"ㅅ不规则"。

이런 용언(동사, 형용사)의 예를 들어 보세요.

请举出这种词性(动词, 形容词)的例子。

보기	낫다 好了	그의 병이 **나았다.** 他的病好了。

❶ 긋다
画线 　画了一条线。

❷ 붓다
倒 　我倒了一杯水。

❸ 잇다
连接 　把两头绳子连接一起。

❹ 짓다
盖 　盖了新房子。

정답 卷子은요~~

① 선을 그었다.　② 내가 물 한 잔을 부었다.
③ 두 개의 밧줄을 하나로 이었다.　④ 새 집을 지었다.

~ㄹ / ~을래요. 想做~
~ㄹ / ~을래요? 想做~吗?

接在动词和存在词 "있다" 的词干后, 表示主体的意志, 想法。一般用于第一人称陈述句, 第二人称疑门句。若去掉 "요", 则由尊敬阶降为非尊敬阶。若加上尊敬词尾 "시 / 으시", 则表示尊敬的程度更甚。

~ㄹ/을래요, ~ㄹ/을래요?

元音词干		+ ~ㄹ래요./~ㄹ래요?
ㄹ 词干	ㄹ"脱落	+ ~ㄹ래요./~ㄹ래요?
辅音词干		+ ~ 을래요./~을래요?

例

A : 어디서 기다릴래?　　　　　　在哪儿等?

B : 역 개찰구 앞에서 기다릴래요.　在车站佥票口前等。

A : 정년퇴직 후에는 어디서 살래요?　退休后准备在哪儿住?

B : 조용한 시골에서 살래.　　　　想住在安静的乡村。

A : 여권 사진은 언제 찍을래요?　想什么时后照护照上的照片?

B : 내일 찍을래요.　　　　　　　明天照。

A : 술은 뭘로 하실래요?　　　　喝什么酒?

B : 먼저 맥주로 할래요.　　　　还是先来啤酒吧。

가까운 미래를 나타내는 문장(의문문포함)으로 만드세요.
请把下面的句子改为表示未来史的句子(包括疑问句)。

1 머리를 짧게 **자르다**
剪短头发

想剪短头发。

2 자전거를 **빌려주다**
借自行车

想借自行车吗?

3 점심을 삼계탕으로 **먹다**
中午吃蔘鸡汤

中午想吃蔘鸡汤吗?

4 저는 시원한 맥주를 **마십니다**.
我喝清凉的啤酒

我想喝清凉的啤酒。

5 터미널에서 **기다립니다**.
在客运站等待

想在客运站等待吗?

정답 卷子은은~~

① 머리를 짧게 자를래요.　② 지우개를 빌려 주실래요?　③ 점심을 삼계탕으로 먹을래요?
④ 저는 시원한 맥주를 마실래요.　⑤ 터미널에서 기다릴래요?

71

~ㄹ / ~을 거예요.
~ㄹ / ~을 거예요?

是 "~ㄹ/을 것입니다.", "~ㄹ/을 것입니다." 的缩约形, 多用于口语。 这里的 "~ㄹ/을 것" 与表示意志, 推测的补助词干 "겠" 的意志相同, 只不过前者表示主观性的, 后者表示客观性的意志和推测。 "거야./거야?" 为非尊敬的表现形式, 注意其中的 "~거" 应发音为 "~꺼"。 这种表现形式因人称的不同而不同, 具体如下。

~ㄹ/을 거예요., ~ㄹ/을 거예요?

主语	陈述句	疑门句
1人称	说话者的意志, 推测	无这种用法
2人称	说话者的推测	询门主语的意志
3人称	说话者的推测	对某一事实进行推测

例 오늘은 피곤해서 일찍 잘 거야.   今天累了, 早点睡觉吧。

그 시간에는 집에 있을 거예요.   那个时间在家吧。

그건 당신도 잘 알 거예요.   那事你也很清楚吧。

이번 연휴엔 어디 가실 거예요?   下次休假去哪里?

백화점보다는 훨씬 쌀 거야.   要比商场便宜很多的。

누가 손님을 안내해 드릴 거야?   谁带客人去?

확인연습! | 简单确认练习

추측을 나타내는 문장으로 만들어보세요.
请把下面的句子改为表示推测的句子。

1 내일 경기가 **있다**.
明天有竞赛。

明天可能有竞赛吧。

2 주사를 맞으면 열이 **내린다**.
打针就能退烧。

打针就可能退烧的吧。

3 수영장에 사람이 **많다**.
游泳场人很多。

游泳场上可能人很多吧。

4 그날은 손님이 **없다**.
那天没有客人。

那天可能没有客人的。

5 가격이 **오르다**
价格上涨

可能价格上涨的。

6 시험에 **합격하다**
考试合格

考试能合格的。

정답 卷子은은~~

① 내일 경기가 있을 거예요.　② 주사를 맞으면 열이 내릴 거예요.　③ 수영장에 사람이 많을 거예요.
④ 그날은 손님이 없을 거예요.　⑤ 가격이 오를 거예요.　　　　　　⑥ 시험에 합격할 거예요.

~면 / ~으면

表示假定性的条件，
该条件实现了就会有怎样的结果。

表示假定性的条件，该条件实现了就会有怎样的结果。

假定　元音·ㄹ语干　＋ 면
　　　辅音语干　　　＋ 으면

例 한국에 오시면 꼭 연락하세요.　　　若来韩国，请务必联系。

돈을 많이 벌면 뭘 할 건데?　　　若赚多钱，想干什么？

신용 카드가 있으면 편리하니?　　　有信用卡，方便是吗？

지금 떠나지 않으면 늦을 거예요.　　　若现在不出发，会晚的。

길을 찾지 못하면 전화하세요.　　　若不知道路的话，请来电话。

천만 원이면 충분할 거예요.　　　有一千万快钱的话，足够了。

동사를 보기와 같이 활용하여 문장을 만들어보세요.
请参考例句，利用动词变形来完成句子。

보기 중국에 **가다** **가면** 패왕별희를 한번 보세요.
去中国请看一看霸王别姬。

① 손잡이를 **돌리다** ⬛⬛⬛⬛ 문이 열려요.
拧开手柄的话就能开着门的。

② 왼쪽으로 **돌다** ⬛⬛⬛⬛ 병원이 보여요.
往左转的话就能看见医院。

③ 시간이 **없다** ⬛⬛⬛⬛ 가지 마세요.
没有时间的话就别去了。

④ 신용카드를 **사용하다** ⬛⬛⬛⬛ 포인트가 적립됩니다.
使用信用卡的话就能信用卡积累的。

⑤ 지금 **출발하다** ⬛⬛⬛⬛ 시간 안에 도착할 것입니다.
现在出发的话会按时到达的。

정답 卷子은인~~

① 돌리면　② 돌면　③ 없으면　④ 사용하면　⑤ 출발하면

~니까 / ~으니까~

学习本语法现象前, 先参照62号的 "~아서/~어서/~여서/~(이)라서".

1 接在先行文的谓词词干后, 表示产生后续文的理由或原因。
"~니까", "으니까" 前可接过去时制词尾 "았/었", 但不能接表示未来推测的 "겠", 这时要用 "~ㄹ/을 테니까"。

2 表示进行了前一动作, 知道了后面的事实。

1 接在先行文的谓词词干后，表示产生后续文的理由或原因。

例 모처럼 만의 휴일이니까 집에서 쉴래. — 是难得的假日，在家放松一下。

시간이 없으니까 어서 합시다. — 沒时间了快点吧。

아기가 우니까 안아 주세요. — 婴儿在哭，请把他抱起来。

너무 비싸니까 좀 깎아 주실래요? — 太贵了，能便宜点吗?

전화를 했으니까 연락이 올 겁니다. — 已打过电话了，还会联系的吧。

2 表示进行了前一动作，知道了后面的事实。

例 눈을 떠 보니까 꿈이었어요. — 睁眼一看是个夢。

창문을 여니까 눈이 내리고 있었어요. — 开窗一看，正在下雪。

막상 누우니까 잠이 안 오네요. — 一躺下来，很难睡着。

계속 서 있으니까 배가 고프네요. — 一直站着，肚里空空的。

보기와 같이 문장을 완성하세요.
请参考例句，完成下面的句子。

보기 오늘은 휴일이다 **휴일이니까** 집에서 쉴래요.
因为今天假日在家休息。

❶ 이곳은 비싸다 　　　　　 사지 마세요.
因为这里很贵，别买了。

❷ 공기가 탁하다 　　　　　 문을 열어 주세요.　　▶ 탁하다 汚浊
因为空气很污浊，请开门吧。

❸ 먹구름이 몰려오다 　　　　　 서둘러 돌아갑시다.　　▶ 먹구름 黑云
因为集黑云了，赶紧回去吧。

❹ 늦게 오다 　　　　　 벌칙으로 밥 사세요.　　▶ 벌칙, 벌 罚
因为你来晚了，罚你买单。

❺ 열심히 노력하다 　　　　　 합격할 것입니다.
因为你转心致志努力了，会合格的。

정답 卷子은은~~

① 비싸니까　② 탁하니까　③ 몰려오니까　④ 왔으니까　⑤ 노력했으니까

Track 28

~아야 / ~어야 / ~여야 / ~(이)라야 되다
~아야 / ~어야 / ~여야 / ~(이)라야 하다

接于谓词词干后, "하다" 动词变为 "하여야=해야", 指定词 "이다/아니다" 变为 "(이)라야"。"~아야/~어야/~여야/~(이)라야 되다" 表示 "必须~", "~아야/~어야/~여야/~(이)라야 하다" 表示 "应该~", "~아야/~어야/~여야/~(이)라야" 前可接过去时制词尾 "았/었/였", 但后续的 "하다" 或 "되다" 也应用过去时制。

~아야 / ~어야 / ~여야 / ~(이)라야 되다 : 必须~
~아야 / ~어야 / ~여야 / ~(이)라야 하다 : 应该~

阳性语干	+	아야	되다/하다
阴性语干	+	어야	되다/하다
하다 动词	+	여야(해야)	되다/하다
았/었/였	+	어야	되었다(됐다)/하였다(했다)

例 짐이 많아서 택시를 타야 돼요.　　行李多，得坐出租。

좋은 책을 많이 읽어야 해요.　　不多读好书不行。

예약 재확인을 해야 됩니다.　　预约必须要进行再确认。

꼭 키가 큰 사람이라야 해요?　　必须得高个子才行？

연휴 때, 한국에 갔어야 했는데...,　　连休时，该去韩国的...,

확인연습! 简单确认练习

보기와 같이 만들어 보세요.
请参考例句，完成下面的句子。

보기 짐이 많아서 택시를 타다 / 되다　　짐이 많아서 택시를 타야 돼요.
因为行李多，得坐出租车。

① 다음 역에서 갈아타다 / 되다

得要下一站换乘车。

② 내일까지 다 외우다 / 되다

得要到明天背完。

▶ 외우다　背

③ 아침까지 끝내다 / 되다

得要明天早上结束。

④ 수영모를 쓰다 / 되다

得带游泳帽的。

▶ 수영모　游泳帽

⑤ 끝까지 보다 / 되다

得要看到底。

정답 卷子은은~~

① 다음 역에서 갈아타야 돼요.　② 내일까지 다 외워야 돼요.　③ 아침까지 끝내야 돼요.
④ 수영모를 써야 돼요.　⑤ 끝까지 봐야 돼요.

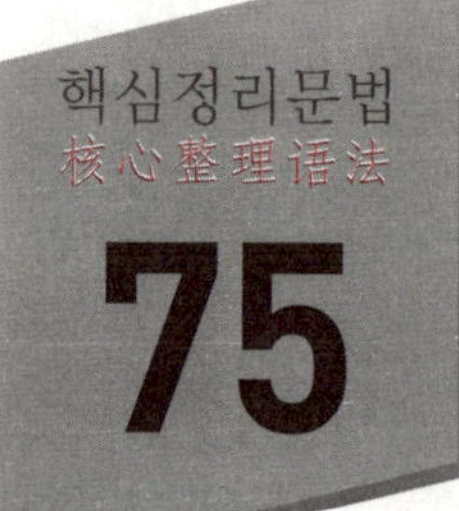

75 ~아야/ ~어야/ ~여야겠다(겠어요./겠습니다.)

"~아야/~어야/~여야" 后接表示意志的词 "겠"。主语为第一人称时, 表示 "想做~", "计划做~", 但当主语为第二人称和第三人称时, 表示 "应当~", "必须~"。

~아야/~어야/~여야겠다(겠어요./겠습니다.)

例 서류를 다시 한 번 봐야겠어요.
得再看一下文件。

정말로 담배를 끊어야겠어요.
真是得戒烟。

오늘은 집안 청소를 해야겠어요.
今天得在家打扫卫生。

여러분, 단어를 더 외워야겠습니다.
同学们, 应再多记些单词啊。

운동장이 좀 더 넓어야겠어요.
体育场还得再大点。

 **확인연습!** | 简单确认练习 

보기처럼 만들어 보세요.
请参考例句，完成下面的句子。

보기	방이 좀 더 넓다 / 겠습니다	방이 좀 더 넓어야겠습니다.
		应该房间得要宽广。

❶ 자주 연락하다 / 겠습니다

应该得勤着聯系。

❷ 일찍 나가다 / 겠습니다

应该得早点去。

❸ 매일 걷기운동을 하다 / 겠습니다

应该得每天走路运动。

❹ 조용한 곳으로 옮기다 / 겠습니다

应该得要搬到安静的地方。

❺ 문을 일찍 닫다 / 겠습니다

应该得早点关门。

정답 卷子은은~~

① 자주 연락하여야(해야)겠습니다.　② 일찍 나가야겠습니다.　③ 매일 걷기운동을 하여야(해야)겠습니다.
④ 조용한 곳으로 옮겨야겠습니다.　⑤ 문을 일찍 닫아야겠습니다.

~아도 / ~어도 / ~여도 / ~(이)라도 되다

74号的 "~아야 / ~어야 / ~여야/(이)라야" 中的 "야" 换成 "도",
就表示 "~也可以" (行, 可以, 好, 没关系) 搭配使用, 表示陈述句
"~也行", 疑门句 "~可以吗?" 接续方法和前述74号相同。

~아도 / ~어도 / ~여도 / ~(이)라도 되다	~也可以 , 也行

例 내일은 늦게까지 자도 됩니다. — 明天可以睡懒觉。

성함은 한자로 써도 돼요. — 名字用汉字写也可以。

여러분은 먼저 쇼핑을 해도 좋아요. — 大家可以先购物。

30분쯤 늦게 왔어도 괜찮았는데..., — 要是晚来30分钟左右就好了。

말씀 좀 여쭈어 봐도 될까요? — 可以请门一下吗?

이 책, 제가 먼저 읽어도 됩니까? — 我可以先看看这本书吗?

현금으로 지불해도 돼요? — 可以付现金吗?

좀 비싼 것이라도 괜찮아요? — 稍贵一点的也没关系吗?

보기와 같이 평서문과 의문문으로 만들어 보세요.
(자유롭게 다양한 표현을 허용합니다.)

请参考例句，将下面的句子改为叙述文和疑问句。

보기	먼저 가다 / 되다	먼저 가도 됩니다. / 됩니까?
	先走	可以先走。　可以先走吗？

① 집에 놀러 가다 / 되다
去家里玩
可以到你家去玩。　可以到你家去玩吗？

② 창문을 열다 / 되다
打开窗
可以打开窗户。　可以打开窗户吗？

③ 혼자 수영을 가다 / 되다
自己去游泳
可以自己去游泳。　可以自己去游泳吗？

④ 애완동물을 기르다 / 되다
养宠物
可以养宠物。　可以养宠物吗？
▶ 애완동물 宠物

⑤ 복사기를 사용하다 / 되다
使用复印机
可以使用复印机。　可以使用复印机吗？
▶ 복사기 复印机

정답 卷子은요~~

① 집에 놀러 가도 됩니다./됩니까?　② 창문을 열어도 됩니다./될까요?　③ 혼자 수영을 가도 됩니다./됩니까?
④ 애완동물을 길러도 됩니다./됩니까?　⑤ 복사기를 사용해도 됩니다./되나요?

77

~면 / ~으면 안 되다

"不能做~", "不做~不行"。表示禁止做某种动作或状态, 后接
后置否定形 "~지 않다", 构成双重否定形 "~지 않으면 안 되다"
与前述75号的 "~아야 / ~어야 / ~여야 / ~(이)라야 되다",
"~아야 / ~어야 / ~여야 / ~(이)라야 하다" 意义相同。

~면 / ~으면 안 되다	不能做~, 不做~不行

元音词干 · ㄹ词干 ＋ ~면 안 되다

辅音词干 ＋ ~으면 안 되다

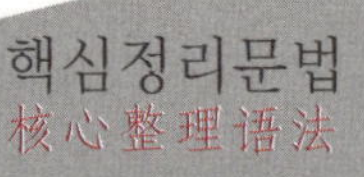

例 기내에서는 담배를 피우면 안 됩니다.　机内是禁煙的。

구두가 너무 크면 안돼요.　鞋子太大不行呀。

지하철 안에서 떠들면 안돼요.　地铁内不能喧哗。

밤에 휘파람을 불면 안돼요.　晚上不能吹口哨吗?

작품의 사진을 찍으면 안 될 거예요.　作品的照片不能照。

공부방이니까 어두우면 안 됩니다.　学习的房间, 光线暗了不行。

교사는 많이 알지 못하면 안 됩니다.　老师应知道很多才行。
= 교사는 많이 알아야 해요.

가끔은 푹 쉬지 않으면 안 됩니다.　偶尔应放松一下。
= 가끔은 푹 쉬어야 합니다.

보기처럼 바꾸어보세요.
请参考例句，完成下面的句子。

보기	남을 **속이다** / **안 돼요** 骗别人	남을 **속이면 안 돼요.** 不应该骗别人的。

❶ 음주운전을 **하다** / **안 돼요**
酒后开车

禁止酒后开车。

❷ 도로가에 **주차하다** / **안 돼요**
道路边停车

禁止道路边停车。

❸ 수업 시간에 열심히 **안 하다** / **안 돼요**
上课时不认真学习

上课时不应该不认真学习。

❹ 오래 **걸리다** / **안 돼요**
时间长

不要时间太久了。

❺ 여기서 담배를 **피우다** / **안 돼요**
这里抽烟

禁止在这里抽烟。

정답 卷子은요~~

① 음주운전을 하면 안 돼요.　② 도로가에 주차하면 안 돼요.　③ 수업시간에 열심히 안 하면 안 돼요.
④ 오래 걸리면 안 돼요.　⑤ 여기서 담배를 피우면 안 돼요.

78

~아 / ~어 / ~여 / ~해 보다(보세요. / 보십시오.)

接在动词和存在词 "있다" 的词干后, 表示 "试着~",
有时也表示一种体验或经历。

~아/~어/~여/~해 보다(보세요. 보십시오).	试看~

例

자세한 내용을 알아보겠어요.	我想查找详细内容。
아주 재미있으니까 너도 읽어봐.	非常有趣, 你也读读看。
어디에 두었는지 잘 생각해 보세요.	好好想想放哪儿了。
매운 냉면도 한 번 먹어 볼래요?	想尝尝辣冷麵吗?
실제로 가 보면 좋아하게 될 거예요.	一旦实际去看了, 也会喜欢的吧。
몇 년 동안은 추운 지방에도 있어 봤지요.	我在寒冷的地方也呆过几年的。

다음 물음에 대답을 해 보세요.
请回答下面的问题。

1 신을 신어 봐도 되나요?
可不可以穿鞋试一试?

可以，穿着试的。

2 옷을 입어 봐도 됩니까?
可以把衣服穿试一试吗?

可以，穿试一试的。

3 음악을 들어 봐도 되나요?
可以听一听音乐吗?

可以，听一听音乐吧。

4 만져 봐도 되나요?
可以摸一摸吗?

可以摸的。

5 이 책을 봐도 되나요?
可以看一看这本书吗?

可以看的。

정답 卷子은요~~

① 예, 신어 보세요.　② 예, 입어 보세요.　③ 예, 들어보세요.　④ 예, 만져 보세요.　⑤ 예, 보세요.

79

~아 / ~어 / ~여 / ~해 버리다

接在动词词干后, 表示动作的完了, 结束。
"버리다" 原为表示 "丢弃, 扔掉" 的他动词。

接在动词词干后, 表示动作的完了, 结束。

例 얼음이 벌써 다 녹아 버렸어요?
冰都化完了吗?

여름휴가도 다 지나가 버렸네요.
暑假也过去了。

수첩을 잃어버려서 큰일이에요.
记事本丢了, 真麻烦。

이제 얼굴마저 잊어버렸습니다.
连模样都忘了。

비밀을 말해버려도 됩니까?
把秘密说了, 行吗?

이 일은 오늘 다 해 버릴래요.
今天将做完这件事情。

 **확인연습!** 简单确认练习 

보기와 같이 만들어 보세요.
请参考例句，完成下面的句子。

보기	여름휴가가 벌써 다 **지나가다**	여름휴가가 벌써 다 **지나가 버렸어요.**
	这么快就过去了夏天休假	这么快就已经过去了夏天休假。

1 늦잠을 **자다**
睡懒觉

睡过懒觉了。

2 화가 나서 **나가다**
上火出去了

上火上的就出去了。

3 돈을 다 **쓰다**
钱都花光

钱都花光了。

4 나쁜 일은 빨리 **잊다**
坏事忘得快

坏事快点忘掉吧。

5 일찍 발표를 **하다**
早点发表

早就发表去了。

정답 卷子은요~~

① 늦잠을 자 버렸어요. ② 화가 나서 나가 버렸어요. ③ 돈을 다 써버렸어요.
④ 나쁜 일은 빨리 잊어버리세요. ⑤ 일찍 발표를 해 버렸어요.

~고 있다. 动作的进行
~아 / ~어 있다. 状态的保持

1/ "~고 있다." 表示动作正在进行中, 对主体表示尊敬时, 用 "~고 계시다" 另外, 也表示反复, 经常做某个动作。

2/ "~아/~어 있다." 接在自动词后, 表示做完某一动作, 并保持该状态, "~아/~어 계시다" 为其敬语形式。

1/ "~고 있다." 表示动作正在进行中, 对主体表示尊敬时, 用 "~고 계시다." 另外, 也表示反复, 经常做某个动作。

지금 서울에 가고 있어요.	现在在去汉城的途中。
지금 TV를 켜고 있어요.	现在正要打开电视。
형은 요즘 시를 쓰고 있습니다.	哥哥最近在写时。
매일 아침 운동을 하고 있지요.	每天早上都晨练。
할머니께서는 시골에 살고 계십니까?	您奶奶住在农村吗?

2/ "~아/~어 있다." 接在自动词后, 表示做完某一动作, 并保持该状态, "~아/~어 계시다." 为其敬语形式。

지금 서울에 가 있어요.	现在在首尔。
지금 의자에 앉아 있어요.	现在正坐在椅子里。
할아버지께서는 아직 살아 계십니까?	爷爷还健在吗?

다음의 동사에 "~아/~어/~고 있다."를 넣어서 진행이나 상태를
나타내는 문장을 만들어 보세요.
请在下面的动词中使用 "~아/~어/~고 있다.", 造一下表示进行或状态的文章。

1 책상위에 강아지가 앉다
小拘坐在卓面上

小拘坐在卓面上呢。

2 집 앞에 불도저가 들어오다
家前面进开土机

家前面正在进来开土机。

▶ 불도저　开土机

3 생선이 아직 살다
鱼还活着

鱼还活着呢。

4 전부 운동장에 가다
全部都去运动场

全部都正在去运动场。

5 올림픽 경기를 보다
正在看奥林匹克运动会

正在看着奥林匹克运动会。

▶ 올림픽 경기　奥林匹克运动会

6 아기가 침대에 눕다
小孩躺在床上

小孩现在躺正在床上呢。

정답 卷子은요~~

① 책상위에 강아지가 앉아 있어요.　② 집 앞에 불도저가 들어오고 있어요.　③ 생선이 아직 살아 있어요.
④ 전부 운동장에 가고 있어요.　⑤ 올림픽 경기를 보고 있어요.　⑥ 아기가 침대에 누워 있어요.

81

~나 / ~이나 罗列, 选择

Track 35

1. 表示罗列两个或两个以上的体词。
2. 表示从竝列的两个或两个以上的同性质的体词中选其一，
   相当于汉语的 "~或~"。此外, 还有表示强调, 限定的语法意义。

---

1 表示罗列两个或两个以上的体词。

以元音结尾的体词 + 나

以辅音结尾的体词 + 이나

例 정치나 경제는 잘 몰라요.　　　　不太懂政治或经济。

주로 지하철이나 버스를 이용해요.　　主要是利用地铁或公共汽车。

과일이나 야채를 많이 먹어야 돼.　　应多吃水果或蔬菜。

---

2 表示从竝列的两个或两个以上的同性质的体词中选其一，
相当于汉语的 "~或~"。

例 클래식이나 재즈를 듣고 싶어요.　　想听古典音乐或爵士乐的曲子。

정문 앞이나 도서관에서 만날까요?　　在正门前或图书馆见好吗?

아마 두 명이나 세 명쯤 올 거예요.　　大概来两三个人吧。

나열이나 **선택**의 의미를 나타내는 말을 넣어 문장을 만들어보세요.
请造一下表示并列或选择的句子。

1 우유/음료 : 무엇을 마시고 싶어요?
牛奶　饮料　想喝什么？

牛奶或饮料中想喝什么？

2 산/바다 : 어디를 가고 싶어요?
山　海　　想去哪儿？

山或大海两处中想去哪儿？

3 배드민턴/테니스 : 무엇을 하고 싶어요?
羽毛球　　网球　　想打什么球？

羽毛球或网球中想打什么球？

4 겨울/여름 : 무슨 계절이 좋아요?
冬天　夏天　喜欢什么季节？

冬天或夏天中喜欢什么季节？

5 수학/영어 : 어떤 과목이 재미있어요?
数学　英语　哪个科目有意思？

数学或英语中哪个科目有意思？

정답 卷子은요~~

① 우유나 음료 중 무엇을 마시고 싶어요?　② 산이나 바다 중 어디를 가고 싶어요?
③ 배드민턴이나 테니스 중에 무엇을 하고 싶어요?　④ 겨울이나 여름 중 무슨 계절이 좋아요?
⑤ 수학이나 영어 중 어떤 과목이 재미있어요?

82

~거나

接在 "겠" 以外的补助语干和谓词词干后, 表示两种动作和状态的罗列, 相当于汉语的 "或者~或者~"。

相当于汉语的 "或者~或者~"。

例 대학원에 진학하**거나** 유학 간다.
考研或者留学。

청소를 하**거나** 빨래를 해요.
扫除卫生或者洗衣服。

시인이었**거나** 소설가였을 거예요.
是诗人或者小说家吧。

전화를 거시**거나** 팩스로 보내세요.
请打电话或者发传真。

확인연습! | 简单确认练习

보기와 같이 문장을 만들어 보세요.

보기　청소를 하다 + 빨래를 합니다 　　　청소를 하거나 빨래를 합니다.
打扫卫生　　洗衣服 　　　　　　　　打扫卫生或者洗衣服呢。

---

① 축구를 하다 + 배구를 합니다
踢足球　　　打拍球 　　　　　　　　踢足球或者打拍球呢。

② 노래를 부르다 + 탭댄스를 춥니다
唱歌　　　　跳舞踢跶舞 　　　　　　唱歌或者跳舞踢跶舞呢。

③ 집에서 TV를 보다 + 잡니다
在家看电视　　睡觉 　　　　　　　　在家看电视或者睡觉呢。

④ 간식으로 국수를 먹는다 + 라면을 먹습니다
零食吃面条　　　吃干吃面 　　　　　零食吃面条或者吃干吃面呢。

⑤ 소설을 읽다 + 음악을 감상합니다
读小说　　欣赏音乐 　　　　　　　　读小说或者欣赏音乐的。

정답 卷子은일~~

① 축구를 하거나 배구를 합니다.　② 노래를 부르거나 탭댄스를 춥니다.　③ 집에서 TV를 보거나 잡니다.
④ 간식으로 국수를 먹거나 라면을 먹습니다.　⑤ 소설을 읽거나 음악을 감상합니다.

83

~ㄴ / ~은 적이 있다. 曾经~
~ㄴ / ~은 적이 없다. 不曾~

"적" 是表示 "~时候" 的名词形。以动词的过去时定语形后接
"~이 있다. / ~이 없다." 的形式, 表示 "曾经~" 或 "~不曾做~"。

~ㄴ/은 적이 있다./없다.

元音·ㄹ语干 + ㄴ/은 적이 있다./없다.

辅音语干　+ 은 적이 있다./없다.

例 산길에서 소나기를 만난 적이 있어요?   在山路上遇到过阵雨吗?

일을 해 본 적이 없어도 되나요?   沒工作经验也行吗?

그 부부는 아마 싸운 적이 없을 거예요.   大概那对夫婦沒吵过架吧。

밤을 새워 놀아본 적이 있어요?   玩过通宵吗?

체중이 10킬로나 준 적이 있어요.   有体重减10公斤的时候。

정신을 잃은 적은 없지요?   沒有失魂落魄的时候吧?

아직 수술을 받은 적은 한 번도 없어요.   一次也沒做过手術。

언젠가 이름을 들은 적은 있어요.   好像听说过名字。

확인연습! 简单确认练习

보기와 같이 경험을 나타내는 문장으로 만들어 보세요.
请参考例句，造一下表示经验的句子。

보기 그 곳에 방문하다 / 있다　　　그 곳에 방문한 적이 있습니다.
访问那里　　　　　　　　　　　　曾经访问过那里。

1 태권도를 배우다 / 있다
学跆拳道　　　　　　　　　　　　曾经学过跆拳道。

2 우리는 싸우다 / 없다
我们吵架　　　　　　　　　　　　我们没有吵过架。

3 미국에서 살다 / 있다
生活在美国　　　　　　　　　　　在美国生活过。

4 산낙지를 먹다 / 없다
吃活章鱼　　　　　　　　　　　　从来没有吃过活章鱼。

▶ 산낙지　活章鱼

5 말을 타다 / 없다
骑马　　　　　　　　　　　　　　从来没有骑过马。

정답 卷子은인~~

① 태권도를 배운 적이 있다.　② 우리는 싸운 적이 없다.　③ 미국에서 산 적이 있다.
④ 산낙지를 먹어 본 적이 없다.　⑤ 말을 타 본 적이 없다.

84 ~ㄴ/~은 지

~ㄴ/~은 지

$$元音 \cdot ㄹ词干 \;+\; ㄴ\ 지$$
$$辅音词干 \;+\; 은\ 지$$

例 한국에 갔다 온 지 일주일도 안 됐는데 또 가요?
从韩国回来还不到一周，又要去吗？

만두를 시킨 지 30분이 지났는데도 아직 멀었어요?
要生馒头已经30分钟了，怎么还没来？

그 사람을 안 지 반 년 쯤 됩니다.
认识那人有半年了。

한국에 산 지 얼마나 되나요?
在韩国生活有多久了？

接在动词或存在词 "있다" 的词干后, 表示做某事已有多久,
其后必须接在表示时间的名词和 "되다(成为)", "지나다(过去)"
等动词。另外, "～ㄴ/～은지" 后可添加主格助词 "가",
构成 "～ㄴ/～은지" 这种形式。

점심을 먹은 지 한 시간도 안 됐는데 또 먹고 싶어요?
刚吃午饭还不到一小时, 又要吃吗?

이 호텔에 묵은 지 오늘로 사흘째입니다.
在这个宾馆住, 今天已是第三天了。

그 소문을 들은 지가 한 달 정도 될 겁니다.
听到那个消息大概有一个月了。

이 절은 지은 지가 올해로 600년째가 됩니다.
这座寺院到今年建了有600年。

보기와 같이 문장을 완성하세요.
请参考例句，完成下面的句子。

보기 한국에 오다 + 얼마나 되나요?　　한국에 온 지 얼마나 되나요?
到韩国　　　　多长时间?　　　来到韩国多长时间了?

① 결혼하다 + 얼마나 됩니까?
结婚　　　多长
结婚多长时间了?

② 배드민턴을 치다 + 3년 되었어요
打羽毛球　　　　　　3年了
打羽毛球已经3年了。

③ 약을 복용하다 + 10년 되었어요
吃药　　　　　　　10年了
吃药已经10年了。

▶ 복용하다 吃，服用

④ 비가 오다 + 일주일째입니다
下雨了　　　已经星期了
下雨已经一星期了。

⑤ 열대야가 계속되다 + 15일째입니다
热带夜在继续　　　　　十五天了
热带夜在继续已经十五天了。

▶ 열대야 热带夜

정답 卷子은요~~

① 결혼한 지 얼마나 됩니까?　② 배드민턴을 친 지 3년 되었어요.　③ 약을 복용한 지 10년 되었어요.
④ 비가 온 지 일주일째입니다.　⑤ 열대야가 계속된 지 15일째입니다.

谓词的定语形 + ~것 같다.

表示推测, 判断

谓词的定语形后接 "~것 같다", 表示话者对某种动作或状态的推测, 判断(陈述句)及话者询问对方的意见, 看法(疑门句)。口语体多用缩约形 "~거 같다"。

谓词的定语形 + ~것 같다.

例 우리를 **+** 찾았던 **+** 것 같아요.   好像找过我们了。
     찾는   好像在找我们。
     찾을   好像要找我们。

例 요리가 **+** 적었던 **+** 것 같아요.   那饭菜好像挺少。
     적은   饭菜好像挺少。
     적을   我觉得饭菜好像少。

例 그 분은 **+** 장군이었던   **+** 것 같다.   他好像曾是位将军。
     장군인   他好像是位将军。
     장군일   他好像是位将军。
     장군이 아니었던   他好像不曾当过将军。
     장군이 아닌 것   他好像不是将军。
     장군이 아닐 것   我觉得他好像不是将军。

例 변화가 ➕ 있었던 ➕ 것 같다.	好像曾有变化。
있는	好像有变化。
있을	好像要有变化。
없었던	好像不曾有变化。
없는	好像沒有变化。
없을	我觉得好像不会有变化。

간단 확인연습! 简单确认练习

다음의 물음에 보기와 같이 답해보세요.
请参考例子，回答下面的问题。

보기 사장님은 지금 바쁘세요?
经理现在很忙吗？

긍정 예, 바쁘신 것 같아요.
是的，好像很忙

---

1 그 아이는 많이 먹나요?
那孩子吃得多吗？

긍정
对，好像吃的多。

2 여름휴가에는 중국에 갈 건가요?
暑假去中国吗？

긍정
是的，好像能去中国。

3 이번에 이사를 하실 건가요?
这次要搬家吗？

긍정
是的，好像要搬家。

4 내일은 비가 올까요?
明天能下雨吗？

긍정
是的，好像能下雨。

5 오늘 오후에 도착할까요?
今天下午能到吗？

부정
不，好像到不了。

정답 卷子은요~~

① 예, 많이 먹는 것 같아요.　② 예, 중국에 갈 것 같아요.　③ 예, 이사를 할 것 같아요.
④ 예, 비가 올 것 같아요.　⑤ 아니오, 도착할 것 같지 않아요.

86

~ㄹ / ~을게요.

接在动词和存在词 "있다" 后, 表示话者的意志, 有约定的
意思, 主要用于第一人称陈述句, "게" 发音时发成 "께"。
这种表现, 若去掉 "요", 则变成非敬语形式, 最高级的尊敬
形式为 "겠습니다."。

~ㄹ/~을게요.

元音 · ㄹ(脱落)词干 ＋ ㄹ게요.

辅音词干 ＋ 을게요.

例 오늘 점심은 제가 살게요.　　今天中午我请客。

공항에 도착하면 전화할게.　　到机场我给你打电话。

무거운 짐은 내가 들게.　　我来拿重行李。

더우니까 창문을 열게요.　　太热了，开窗了啊。

약속을 지키면 너를 믿을게.　　你守约，我就相信你。

이 은혜는 꼭 갚을게요.　　你的恩情我一定报答。

먼저 약속 장소에 가 있을게.　　我先去约好的地方。

여기서 기다리고 있을게요.　　我在这儿等着。

 **확인연습 !** | 简单确认练习

보기와 같이 문장을 만들어 보세요.
请参考例句，完成下面的句子。

보기 점심 사다
买午饭

점심을 살게요.
午饭我请客。

---

1 내가 비행기 표를 준비하다
我准备飞机票

我来准备飞机票呢。

2 내일 돌려주다
明天还给

明天在还给你吧。

3 병원에서 진찰을 받다
在医院受诊察

我来在医院受诊察吧。

4 미리 가 있다
先到

我先到那等着。

5 5시까지 끝내다
5点结束

到5点结束吧。

정답 卷子은인~~

① 제가 비행기 표를 준비할게요.　② 내일 돌려줄게요.　③ 병원에서 진찰을 받을게요.
④ 미리 가 있을게요.　⑤ 5시까지 끝낼게요.

87

~ㄹ / ~을 테니까 意志, 推测

接在谓词后, 由定语形 "ㄹ(을)" + 不完全名词 "터" + 指定词词干 "이" + 表示原因, 理由的连接语尾 "니까" 构成。

主语为第一人称时, 表示意志 ; 为第三人称时, 表示推测。

一般用于共动句和命令句中。

~ㄹ/~을 터이니까 = ~ㄹ/~을 테니까

元音·ㄹ(脱落)词干 + ㄹ 테니까

辅音词干 + 을 테니까

意志

다시 한 번 설명할 테니까 잘 들어 보세요.
我再讲一遍, 请注意听。

제가 앞에서 끌 테니까 뒤에서 밀어 보세요.
我在前面拉, 请在后面推。

하루 종일 집에 있을 테니까 전화 주십시오.
我整天都在家, 请来电话。

推测

비가 올 테니까 우산을 갖고 가세요.
好像要下雨, 请拿着伞。

혼자서는 힘들 테니까 제가 도와 드릴게요.
一个人好像有点吃不消, 我帮帮你吧。

밤에는 추워질 테니까 옷을 많이 입어야 돼.
夜里好像要变凉, 得多穿点衣服呀。

 **확인연습!** 简单确认练习 

보기와 같이 연결해서 말해보세요.
请参考例子，连接成一个句子。

보기 이 문제는 어려워요 + 같이 풀어요　　이 문제는 어려울 테니까 같이 풀어요.
这个问题就很难，一起解决吧。

---

❶ 오늘 밤에 손님이 오세요 + 음식을 준비해요

今天夜里有客人要来，准备饮食吧。

❷ 그 물건은 비싸요 + 돈을 많이 가져가요

那件东西可能很贵，该多带点钱吧。

❸ 내일 밤 늦게까지 모임이 있어요 + 일찍 주무세요

明天可能集会到很晚，请早点休息吧。

❹ 저는 집에 있을게요 + 혼자 다녀오세요

我在家等着，你自己去回来吧。

❺ 휴가 때, 계곡으로 갈 겁니다 + 어항을 준비하세요

节假日的时候去溪谷，你准备一下鱼缸吧。

▶ 계곡　溪谷
▶ 어항　鱼缸

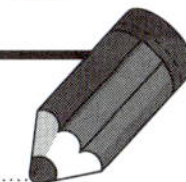

정답 卷子은요~~

① 오늘 밤에 손님이 올 테니까 음식을 준비해요.　② 그 물건은 비쌀 테니까 돈을 많이 가져가요.
③ 내일 밤 늦게까지 모임이 있을 테니까 일찍 주무세요.　④ 저는 집에 있을 테니까 혼자 다녀오세요.
⑤ 휴가 때, 계곡으로 갈 테니까 어항을 준비하세요.

88

~려고 / ~으려고 하다

表示目的, 意图的连接词尾 "려고/으려고"
与补助动词 "하다" 构成的惯用型。
接在动词词干后, 表示 "想~", "打算~", "要~"。

接在动词词干后, 表示 "想~", "打算~", "要~"。

元音·ㄹ(脱落)词干　＋　려고 하다

辅音词干　　　　　＋　으려고 하다

例　한밤중에 어디 가려고 해요?　　深夜想去哪儿?

강남 역에서 내리려고 해요.　　想在江南站下。

국제 전화를 걸려고 하는데요.　　想打国际电话。

언젠가는 시골에서 살려고 합니다.　　将来想去农村生活。

언제나 많이 웃으려고 해요.　　想保持常笑。

아이는 몇 명쯤 낳으려고 합니까?　　想生几个孩子?

항주에서 사흘간 있으려고 해요.　　想在杭州呆3天。

목적이나 의도를 나타내는 문장으로 만들어 보세요.

("~려고 해요"를 사용하세요.)

请造一下表示目的或意图的句子。(使用 "~려고 해요" 来完成句子。)

1 장래 / 영화배우
将来　电影演员

将来想当一名电影演员。

2 졸업 / 취직
毕业　求职

毕业後想要求职。

3 1학기 / 한문교양강좌 / 듣다
一学期　汉文教养讲座　听

一学期准备想听汉文教养讲座。

4 방학 / 수영 / 배우다
放假　游泳　学

放假的时候要想学游泳。

5 내년 / 미국 / 여행가다
明年　美国　旅行

来年准备想去美国旅行。

정답 卷子은요~~

① 장래에 영화배우가 되려고 해요. ② 졸업하면 취직하려고 해요. ③ 1학기에는 한문교양강좌를 들으려고 합니다.
④ 방학 때는 수영을 배우려고 해요. ⑤ 내년에는 미국여행을 가려고 합니다.

89

~라도 / ~이라도

~라도 / ~이라도

元音 ＋ 라도
辅音词干 ＋ 이라도

例 나라도 괜찮다면 같이 갑시다.   我也可以的话，就一起去吧。

너무 더우니까 샤워라도 할래요?   非常热，冲个凉吧?

꽃이라도 사 가지고 갈까요?   买束花去吧?

아무리 동생이라도 무시하면 안돼.   虽说是弟弟，也不能轻视。

누구라도 노력하면 잘할 수 있어.   不管谁只要努力就能干好。

한가하니까 언제라도 놀러 오세요.   正在放假，请随时来玩。

어디라도 좋으니까 해외로 가요.   哪儿都行，出国玩玩吧。

 확인연습! | 简单确认练习

다음 보기처럼 "(이)라도"를 알맞게 넣어 문장을 완성해보세요.
请参考例句，填写 "(이)라도" 来完成句子。

보기

배가 고프면 먼저 라면을 드세요.
肚子饿了先吃拉面吧。

배가 고프면 먼저 라면이라도 드세요.
肚子饿了先随便吃点拉面吧。

---

❶ 에어컨 대신에 얼음선풍기를 사세요.
替空调买个氷风扇吧。

替空调就先买个氷风扇吧。

❷ 심심하면 음악을 들으세요.
你无聊时候听音乐吧。

你无聊时候请随便听一听音乐吧。

▶ 심심하다 无聊

❸ 더우면 등목을 하세요.
热的时候泼背吧。

热的时候请随便泼一泼背。

▶ 등목 泼背

❹ 걷기 힘들면 자전거를 타세요.
走累了骑自行车吧。

走累了随便骑个自行车吧。

❺ 취미로 꽃꽂이를 배우세요.
学插花作为一种爱好 (兴趣)。

请随便学插花作为一种爱好 (兴趣)。

▶ 꽃꽂이 插花

정답 卷子은요~~

① 에어컨 대신에 얼음선풍기라도 사세요.　② 심심하면 음악이라도 들으세요.　③ 더우면 등목이라도 하세요.
④ 걷기 힘들면 자전거라도 타세요.　⑤ 취미로 꽃꽂이라도 배우세요.

90 ~기

还有许多与 "기" 组成惯用的表达方式。

1 "~기" 接在谓词后, 使谓词名词化的名词形语尾。

例 웃다 – 웃기 笑　　　가다 – 가기 去　　　밀다 – 밀기 推
　　쉬다 – 쉬기 休息　　지키다 – 지키기 守护

2 动词, 形容词词干后接 "~기", 完全名词化。

例 듣기 听　　쓰기 写　　읽기 读　　말하기 说话　　더하기 加法
　　빼기 减法　　곱하기 乘法　　나누기 除法　　크기 大小　　굵기 粗度
　　빠르기 速度

3 部分动词词干后接 "~기", 与 바라다/원하다 希望,祝愿, 희망하다 希望 等动词, 좋다 好, 싫다 讨厌, 나쁘다 坏, 쉽다 容易, 어렵다 难, 힘들다 吃力, 편하다 舒服,方便, 불편하다 不方便 等形容词组成惯用形。

例 꼭 성공하기 바랍니다.　　　　　　祝愿一定成功。

　　부드러워서 먹기 좋아요.　　　　　很嫩好咬。

　　글자가 커서 보기 쉬워요.　　　　　字大好看。

　　너무 멀어서 다니기 불편해요.　　　上班太远不方便。

확인연습! 简单确认练习

다음의 보기를 참고하여 문장을 완성하세요.
请参考下面的例句，完成句子。

보기 반드시 성공하다 + 바랍니다 　　반드시 성공하기 바랍니다.
必须成功　　　　希望　　　　希望你必须成功。

---

❶ 비오는 날은 차가 미끄러지다 + 쉬워요
下雨天车滑　　　　　　　容易　　下雨天很容易滑车的。

❷ 깊은 물에서 혼자 놀다 + 위험하다
水深的地方自己玩　　　危险　　水深的地方自己玩是很危险的。

❸ 매일 2번 갈아타다 + 번거롭다
每天换二次　　　　麻烦　　每天换二次车真麻烦的。

❹ 교통이 편리한 곳에 살다 + 좋다
交通方便的地方生活　　　好　　在交通方便的地方生活就好。

❺ 작은 글씨를 읽다 + 힘들다
读小的字　　　　累　　读很小的字是比较累的。

정답 卷子은요~~ 

① 비오는 날은 차가 미끄러지기 쉬워요.　② 깊은 물에서 혼자 놀기 위험하다.　③ 매일 2번 갈아타기 번거로워요.
④ 교통이 편리한 곳에 살기(가) 좋아요.　⑤ 작은 글씨를 읽기(가) 힘들다.

91

~기 / ~가 / ~는 쉽다. 做起来容易
~기 / ~가 / ~는 어렵다. 做起来难

"~기 쉽다" 表示动作做起来容易, 事态发生的可能性大。

"~기 어렵다" 则表示相反的意思就是做起来难。

"~기" 常和助词 "가, 는, 도" 一起使用。

~기 / ~가 / ~는 쉽다. / 어렵다.

例 글자 자체는 외우기 쉬워요.
字本身好记。

하지만 발음하기는 어려워요.
但发音难。

그래서 말하기도 어려워요.
所以，说起来也难。

산에서 길을 잃기가 쉬워요.
在山上容易迷路。

이 시간에는 길이 밀리기 쉬워요.
这个时间容易塞车。

다음 보기를 참고하여 문장을 완성하세요.
请参考下面的例句，完成句子。

보기 이 책은 활자가 크다 / 보다 / 쉽다　이 책은 활자가 커서 보기(가) 쉽다.
因为这本书字体大容易看。

❶ 이 아파트는 교통이 편리하다 / 살다 / 좋다

这栋楼交通方便，生活起来非常好。　　▶ 아파트, 건물　楼

❷ 팩스의 글자가 이지러졌다 / 읽다 / 어렵다

传真的字体摸糊了，读起来比较难了。　　▶ 이지러지다　摸糊

❸ 삼겹살은 기름이 많다 / 먹다 / 거북하다

五花肉油比较多，吃起来不顺口。　　▶ 삼겹살　五花肉

❹ 길이 구불구불하다 / 운전하다 / 어렵다

弯弯道开车很不容易的。

❺ 월말은 바쁘다 / 월차 내다 / 힘들다

月末比较忙，请月假很困难的。　　▶ 월차 내다　请月假

정답 卷子은요~~

① 이 아파트는 교통이 편리해서 살기(가) 좋다.　② 팩스의 글자가 이지러져서 읽기(가) 어려워요.
③ 삼겹살은 기름이 많아 먹기(가) 거북해요.　④ 길이 구불구불해서 운전하기(가) 어려워요.
⑤ 월말은 바빠서 월차 내기(가) 힘들어요.

92

~기 위해(서) 为了~
~를 / ~을 위해(서) 为了~

表示一定的目的, 二者的意义相同, 用法不同。
"~기 위해(서)" 接在谓词后, "~를 / ~을 위해(서)" 接在体词后。

"~기 위해(서), ~를/을 위해(서)" 表示一定的目的。

例 인간은 먹기 위해 살아요, 아니면 살기 위해 먹어요?
人为了吃才活着呢，还是为了活着而吃呢？

해외여행을 가기 위해서 여권을 신청 했어요.
为去国外旅游，申办了护照。

달러를 원으로 바꾸기 위해서 은행에 가야 돼요.
要美国币换成韩币得去银行。

한중우호를 위해서 열심히 노력하는 분입니다.
他为韩中友好倾注着心血。

건강을 위해 술과 담배를 끊어야겠어요.
为了健康打算戒酒和煙。

보기와 같이 문장을 만들어 보세요.

请参考例句，完成句子。

보기 건강 / 담배를 끊었어요

건강을 위해(서) 담배를 끊었어요.
为了健康禁止吸烟。

---

❶ 사관학교에 들어가다 / 열심히 공부했어요

为了进入武官学校就要认真学习过。

▶ 사관학교　武官学校

❷ 유럽 여행가다 / 아르바이트를 3개 합니다

为了去欧洲旅行去三个地方打短工呢。

❸ 중국 여행을 가다 / 비자 신청을 합니다

为了去中国旅行提出签证。

❹ 노후를 준비하다 / 연금보험을 들었어요

为了准备养老加入了年金保险。

▶ 노후준비　准备养老
▶ 연금보험　年金保险

❺ 내일 시합 / 작전을 준비하고 있습니다

为了明天比试在准备策略呢。

정답 卷子은요~~ 

① 사관학교에 들어가기 위해(서) 열심히 공부했어요. ② 유럽 여행가기 위해(서) 아르바이트를 3개 합니다.
③ 중국여행을 가기 위해(서) 비자 신청을 합니다. ④ 노후를 준비하기 위해(서) 연금보험을 들었어요.
⑤ 내일 시합을 위해(서) 작전을 준비하고 있습니다.

93

~기 때문에 因为~
~ 때문에 因为~

表示原因, 理由。谓词词干及过去时制词尾(았/었/였)接 "기 때문에", 体词后接 "때문에"。

"~기 때문에, ~때문에" 表示原因, 理由。

例 비가 오기 때문에 좀 늦을 것 같아요.
因为在下雨, 可能会晚一点。

푹 잤기 때문에 기분이 상쾌해요.
因为睡得香, 所以很有精神。

좋은 사람이기 때문에 안심해도 됩니다.
他是个好人, 请放心吧。

선약이 있기 때문에 오늘은 안돼요.
已经有约在先, 今天不行。

날씨 때문에 여행이 연기 됐어요.
由于天气恶劣, 旅行延期了。

일 때문에 먼저 실례하겠습니다.
因为还有工作, 先告辞了。

 **확인연습!** | 简单确认练习

이유를 나타내는 "때문에"를 넣어 문장을 완성해 보세요.
请填写表示理由的"때문에"来完成句子。

1 아르바이트 **하다** + 바빠요
做短工　　　　　　忙

因为做短工很忙。

2 지난번에 출장을 **가다** + 못 갔어요
上一次去出差　　　　没能去上

因为上一次出差，所以没能去上。

3 눈이 많이 **오다** + 길이 막혔다
下大雪　　　　道堵塞

因为下大雪，所以道堵塞了。

4 뛰어**오다** + 땀이 많이 납니다
跑来的　　出很多汗

因为跑来的，所以出了很多汗。

5 외국에서 음식이 안 **맞아요** + 힘들었어요
在外国饮食不可口　　　　　　很累

因为在外国饮食不可口，很累了的。

정답 卷子은요~~ 

① 아르바이트 하기 때문에 바빠요.　　② 지난번에 출장을 갔기 때문에 못 갔어요.

③ 눈이 많이 왔기 때문에 길이 막혔어요.　　④ 뛰어 왔기 때문에 땀이 많이 납니다.

⑤ 외국에서 음식이 안 맞았기 때문에 힘들었어요.

~ 전에 ~之前(接谓词前)

~기 전에 在~之前(接谓词后)

~ 후에 在~之前(接谓词后)

~ㄴ / ~은 후에 在~之后(接谓词后)

表示两种关系以上的动作发生的时间顺序或先后关系。

~전에, ~기 전에, ~후에, ~ㄴ/~은 후에

例 잊어버리기 전에 수첩에 적어두세요.
忘记之前先记在笔记本上。

아침을 먹기 전에 신문을 보지요.
吃早餐前读报纸。

발표 전에는 아무도 몰라요.
公开之前谁也不知道。

시합 전에 승리를 굳게 결의했을 거예요.
比赛之前可能发过誓要就胜。

일이 끝난 후에 가볍게 한잔 할까?
工作干好后，轻松地喝一杯吧？

치료를 받은 후에 많이 좋아졌어요.
治療后好多了。

식사 후에 기념 촬영을 합시다.
吃完饭后，照纪念照好吧。

전쟁 후에는 행복하게 살고 있지요.
战后，幸福地生活着。

확인연습! 简单确认练习

시간적으로 앞·뒤를 구분하여 "전에"와 "후에"를 선택하여
문장을 만들어 보세요.
请判断好时间的顺序，填写"전에"和"후에"来完成句子。

1 외출하다 + 거울을 봅니다
外出　　　　照镜子

我在外出之前要照镜子看看的。

2 식사하다 + 손을 씻어요
吃饭　　　　洗手

吃饭之前要得洗手。

3 발표하다 + 연습을 3번 하다
发表　　　　练习三遍

发表之前，练习了三遍。

4 식사하다 + 약을 먹었다
吃饭　　　　吃药了

吃饭之后，吃药了。

5 말다툼하다 + 먼저 화해를 청하다
吵架　　　　先要请和谐

吵架之后，先要请了和谐。

정답 卷子은요~~

① 외출하기 전에 거울을 봅니다.　② 식사하기 전에 손을 씻어요.　③ 발표하기 전에 연습을 3번 했어요.
④ 식사한 후에 약을 먹었어요.　⑤ 말다툼한 후에 먼저 화해를 청했어요.

被动词的表现

表示被动, 即表示承受来自别人(或事物)的某种动作或影响。
没有统一的规律, 要 一一加以记忆。

他动词词干后加接尾词 "이 / 히 / 리 / 기" 变为被动态。
不同的词接不同的接尾词, 要注意。

~이	꺾다-꺾이다, 놓다-놓이다, 보다-보이다, 쌓다-쌓이다, 쓰다-쓰이다, 파다-파이다...
~히	닫다-닫히다, 먹다-먹히다, 묻다-묻히다, 밟다-밟히다, 엎다-엎히다, 업다-업히다, 잡다-잡히다...
~리	걸다-걸리다, 뚫다-뚫리다, 물다-물리다, 밀다-밀리다, 열다-열리다, 풀다-풀리다...
~기	감다-감기다, 끊다-끊기다, 빼앗다-빼앗기다, 씻다-씻기다, 안다-안기다, 쫓다-쫓기다...

动词的词干加 "아 / 어 / 여 지다" 变为被动态。
不仅是他动词, 自动词也可以, 举例如下:

깨어지다, 떨어지다, 밝혀지다, 써지다, 이루어지다, 풀어지다...,

部分带 "~하다" 的动词, 可以将 "~하다" 换为。

~받다 接受	대접받다, 사랑받다, 소개받다, 연락받다, 존경받다, 초대받다, 칭찬받다…
~되다 被	걱정되다, 구속되다, 번역되다, 선고되다, 소개되다, 추대되다, 추방되다…
~당하다 遭受	거절당하다, 제적당하다, 제명당하다, 처형당하다, 추방당하다, 퇴학당하다…

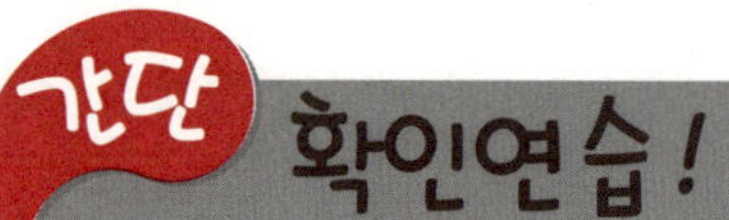 

확인연습! 简单确认练习

보기에서 **보조어간**을 선택하여 **피동사**의 형태로 만드세요.
请选择下面的辅助词干，把下列单词改为被动词。

보기 이, 히, 리, 기, 구, 추, 우

---

1 꺾다
折　被折

보다
看　被看

섞다
掺　被掺

2 닫다
关　被关

먹다
吃　被吃

잡다
抓　被抓

3 걸다
挂　被挂

열다
开　被开

풀다
解　被解

4 감다
缠　被缠

씻다
洗　被洗

안다
抱　被抱

정답 卷子은요~~

---

① 꺾이다, 보이다, 섞이다　② 닫히다, 먹히다, 잡히다　③ 걸리다, 열리다, 풀리다　④ 감기다, 씻기다, 안기다

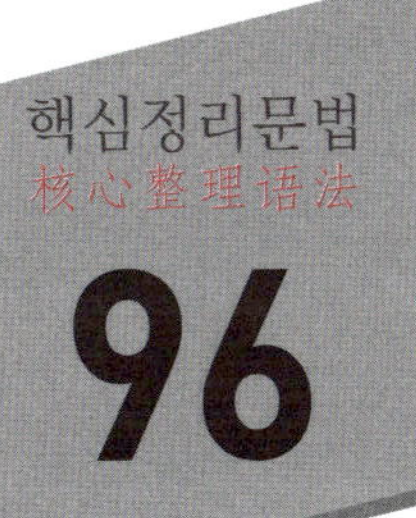

96

使动态

表示主语指示指使另一对象进行某种动作或行为。

主动态变为使动态的方法有多种多样,

而且和变被动态一样, 没有统一的规律,

也要——加以记忆。

动词和形容词的词干加接尾词 "이 / 히 / 리 / 기 / 구 / 추 / 우"

~이	높이다, 먹이다, 보이다, 붙이다, 속이다, 죽이다, 줄이다...
~히	넓히다, 밝히다, 앉히다, 익히다, 읽히다...
~리	날리다, 놀리다, 들리다, 알리다, 얼리다, 울리다, 살리다...
~기	남기다, 맡기다, 벗기다, 숨기다, 웃기다...
~구	돋구다, 일구다...
~추	낮추다, 늦추다, 맞추다...
~우	깨우다, 비우다, 새우다, 지우다, 채우다...

가게 하다, 가늘게 하다, 걷게 하다, 걸게 하다, 기쁘게 하다, 놀게 하다, 들게 하다, 따뜻하게 하다, 먹게 하다, 살게 하다, 슬프게 하다, 아름답게 하다, 알게 하다, 일하게 하다, 읽게 하다, 차게 하다, ...

걱정하게 만들다, 다치게 만들다, 창피하게 만들다, 화나게 만들다, 기쁘게 만들다, 눈물나게 만들다, ...

결혼시키다, 공부시키다, 여행시키다, 연습시키다, 유학시키다, 훈련시키다,...,

다음의 동사를 보기와 같이 만들어 보세요.
请参考例子，将下列动词做一下变形。

보기	가다	가게 하다 / 가게 만들다
	去	让去　　被让去

❶ 걷다
走　　　　让走　　　　　被让走

❷ 놀다
玩　　　　让玩　　　　　被让玩

❸ 먹다
吃　　　　让吃　　　　　被让吃

❹ 알다
知道　　　让知道　　　　被让知道

❺ 기쁘다
喜欢　　　让喜欢　　　　被让喜欢

정답 卷子은요~~

① 걷게 하다 / 걷게 만들다　　② 놀게 하다 / 놀게 만들다　　③ 먹게 하다 / 먹게 만들다
④ 알게 하다 / 알게 만들다　　⑤ 기쁘게 하다 / 기쁘게 만들다

97

~기로 하다

接在动词, 存在词 "있다" 后, 表示决定, 计划, 打算。"~기로"
后除加接 "하다" 外, 还加接 "정하다(定)", "작정하다(计划)",
"결정하다(决定)", "결심하다(决心)" 等一类表示决心, 决定的动词。

"~기로 하다" 表示决定, 计划, 打算。

例 어디서 만나**기로** 할까요?
在哪儿见一面好呢?

회비를 만 원씩 모으**기로** 했어.
定下来每人交10000韩元会费吧。

누가 그렇게 하**기로** 결정했어요?
谁决定要那么做?

아침에 일찍 일어나**기로** 결심했어요.
决心早上早起。

언제나 밝게 살**기로** 마음먹었어.
决心永远高兴地活着。

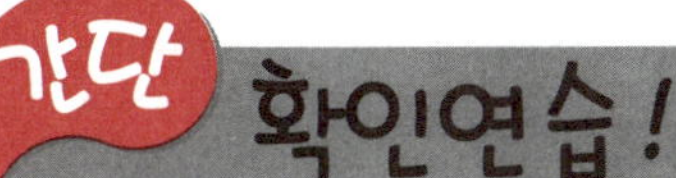

결정이나 계획을 나타내는 말로 바꿔 보세요.

请把下面的句子改为表示决定或计划的文章。

① 저녁은 가족과 같이 **먹는다**.
晚上跟家人一起吃饭。

晚上决定跟家人一起吃饭。

② 한 달에 4번 강의를 **하다**
一个月讲四次课

我计划一个月讲四次课。

③ 다음 주에 이사를 **가다**
下一周搬家

决定下一周搬家。

④ 두 달 뒤에 **결혼하다**
两个月后结婚

决定两个月后结婚。

⑤ 체육관에서 **운동하다**
在体育馆运动

决心在体育馆运动。

정답 卷子은요~~

① 저녁은 가족과 같이 먹기로 했어요. ② 한 달에 4번 강의를 하기로 했어요. ③ 다음 주에 이사를 가기로 했어요.
④ 두 달 뒤에 결혼하기로 했어요.　　⑤ 체육관에서 운동하기로 했어요.

~다가

接在具有持续性的谓词词干后, 表示在做某一动作或保持某一状态时, 转向另一动作或状态, 或者是在进行前一动作时又转向了新的动作, 通常后续动作为并不是所希望发生的。
另一方面, "았 / 었 / 였 + 다가" 表示先行动作完了、中断、转向另一动作。

~다가

例 일을 하**다가** 전화를 받았어요.
上班的时候，接了电话。

잠을 자**다가** 무서운 꿈을 꾸었어요.
睡觉时做了一个可怕的梦。

길을 걷**다가** 옛날 생각이 났어요.
走着路想起往事。

운전을 하**다가** 사고를 냈어요.
开车时出事故了。

무리하**다가** 병이 날거예요.
可能是硬撑着就会生病的呀。

약속을 했**다가** 안 지키면 곤란해요.
约好了，不守约我不好办。

잠깐 백화점에 들렀**다가** 갈게요.
我去一下商场。

보기와 같이 연결어를 넣어 문장을 완성하세요.

请参考例句，填入连词并完成句子。

보기 잠을 **자다** + 무서운 꿈을 꾸다　잠을 **자다가** 무서운 꿈을 꾸었어요.
　　　　　　　　　　　　　　　　睡觉的时候，做了可怕的梦。

---

❶ 학교에 **간다** + 체육복을 가지러 다시 집에 온다

去学校时候，为了求运动服从新回到了家。

❷ 서랍을 **정리한다** + 옛날 돈이 나왔어요

整理抽屉的时候找到了古钱。

❸ 무를 **자른다** + 손을 약간 베이다

切蘿卜的时候被割一点手了。　　　　　　　　　▶ 베이다　被割

❹ 지도를 **그리다** + 종이를 찢었어요

画地图的时候撕破了纸。　　　　　　　　　　　▶ 찢다　撕破

❺ 시장에 **간다** + 금반지를 주웠어요

去市场的时了，我捡到了金戒指。

정답 卷子은요~~

① 학교에 가다가 체육복을 가지러 다시 집에 왔어요.　② 서랍을 정리하다가 옛날 돈이 나왔어요.
③ 무를 자르다가 손을 약간 베였어요.　　　　　　　　④ 지도를 그리다가 종이를 찢었어요.
⑤ 시장에 가다가 금반지를 주웠어요.

99

~(이)라고 하다 引用

变直接引用时, 若引用文为体词谓语, 应将 "(이)다"
变为 "(이)라", 与 "고" 一起, 表示直接引语。
若引用文为 "아니다" 否定形, 则变为 "~아니라고 하다"。

~(이)라고 하다

例 저는 김 청환이라고 합니다만, 성함이 어떻게 되세요?

我叫金清焕，请问您尊姓大名？

오뚝이는 중국어로 뭐라고 하나요? "부다오웡"이라고 합니다.

不倒翁用汉语怎么说?　　　　　　　　　叫 "budaoweng"。

펑요우는 한국어로 "친구"라고 합니다.

朋友用韩国语叫"chingu"。

얼굴에 탈을 쓰고 추는 춤을 "탈춤"이라고 합니다.

脸带假面具跳的舞叫 "talchum"。

核心整理

○ **直接引用** : "~(이)라고 하다"

○ **引用文为** "아니다" **否定形** : "~아니라고 하다"

보기와 같이 만들어 보세요.
请参考下面的例句，完成句子。

보기 밍피앤은 한국어로 명함**이다** + 합니다 / 밍피앤은 한국어로"명함"**이라고 합니다.**
名片叫韩国语"myungham"。　　　　　　名片用韩国语叫"myungham"。

❶ 이름이 김 한국**입니다** + 합니다

我的名字叫金韩国。

❷ 내일 다시 **온다** + 비서가 말하다

秘书说了他明天再来。

❸ 노래방에 가서 스트레스 **푼다** + 말했어요

他说了要去歌舞亭散解繁脑的。　　　　　　▶ 스트레스를 풀다　散解繁脑

❹ 나이가 **적다** + 다음에 지원하라는데요

因为岁数小，让给他下一次支援呢。　　　　　　▶ 지원하다　支援

❺ 저녁까지 **번역한다** + 약속했어요

跟他约定了翻译到晚上。

정답 卷子은인~~

① 이름이 김 한국이라고 합니다.　　② 내일 다시 온다고 비서가 말했습니다.
③ 노래방에 가서 스트레스 풀자고 말했어요.　　④ 나이가 적다고 다음에 지원하라는데요.
⑤ 저녁까지 번역한다고 약속했어요.

引语/传闻的表达

~라고 / ~하고 +

말하다
이야기하다
말씀하다
명령하다
제안하다
묻다

例 "잘 했어요."라고 칭찬해 주세요.　请夸奖 "干得很好"。

"모두 앉아!"하고 명령했어요.　命令道: "全都坐下"。

1/ 直接引用：直接引用话者说话的内容时，将引用的话用 """~"" 括上，后接 "~라고 / ~하고 말하다, 이야기하다, 말씀하다, 명령하다, 제안하다, 묻다"。

2/ 间接引用："~고" 后，同直接引用一样，接 "말하다, 이야기하다, 말씀하다"。

间接引用："~고" 后，同直接引用一样，接 "말하다, 이야기하다, 말씀하다"。

陈述句的引用

1/ 体词谓语；(이)라고 / 아니라고

例 여기가 남산이라고 합니다.   这个地方叫南山。

그 사람도 자기 것이 아니라고 합니다.   那个人也说不是自己的。

2/ 存在词・形容词词干 + 다고

例 지금은 서울에 있다고 합니다.   说现在在汉城。

밥이 너무 많다고 하네요.   说饭太多了。

3 动词(现在时)的 元音 · ㄹ(脱落)词干 + ㄴ 다고
辅音词干 + 는다고

例 매일 도서관에 간다고 합니다.　　据说每天去图书馆。

그 분 주소를 안다고 합니다.　　说知道那个人的地址。

날마다 집안일을 돕는다고 합니다.　　说每天都帮助干家务。

4 时制词尾等补助词干 + 다고

例 어제는 음악회에 갔었다고 하네요.　　说昨天去听音乐会了。

오후에는 비가 온다고(=내린다고) 합니다.　　说下午要下雨。

疑门句的引用

5 存在词 · 动词的词干 + (느)냐고

例 다른 사전은 없느냐고(=없냐고) 묻는데요.　　门有沒有别的字典。

혼자 어디에 가느냐고(=가냐고) 물어요.　　门他一个人要去哪里。

6 形容词的词干 + (으)냐고

例 새 옷이 너무 크냐고 하는데요.　　门新衣服很大吗。

7 名词 + (이)냐고

例 이 물건 진짜냐고 물어 보세요.　　请门一下，这件物品是真品吗。

8 动词·있다 的词干 + (으)라고

例 의사가 체중을 줄이라고 하네요.　　　医生说得减肥。

9 动词·있다 的词干 + 자고

例 일요일에 낚시 가자고 하는데요.　　　说星期天一起去钓鱼。

10 ~고 전해 주세요. / 주십시오.

例 몸조리 잘 하라고 전해 주십시오.　　　请转告他多保重。

　　안부 말씀 전해 주세요.　　　请代我向他问好。

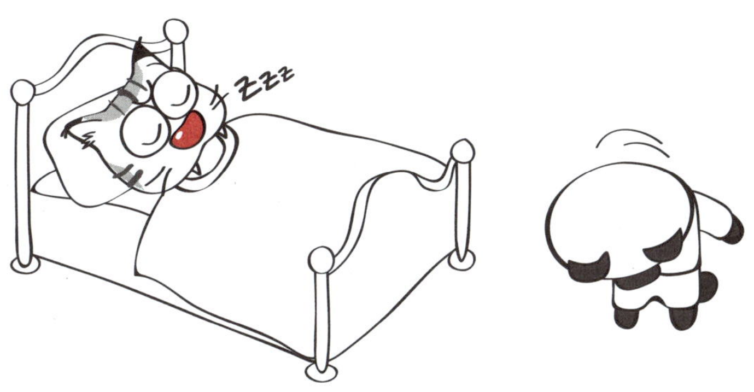

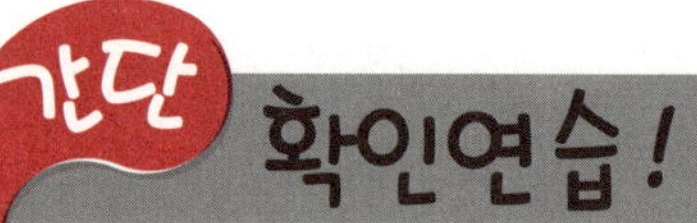

확인연습! 简单确认练习

보기와 같이 문장을 만들어 보세요.
请参考下面的例句，完成句子。

> **보기** 대한씨가 이야기 했어요. / "내일 오전에 실어 줄게."
>
> 대한씨가 내일 오전에 실어주겠**다고** 이야기 했어요.
> 大韩说了得要明天上午给装货。

❶ 사장님이 말씀하셨다. / "휴가보너스를 주겠어요."

社长说了休假得给我们装金。　　　　　　▶ 휴가보너스 休假装金

❷ 친구가 전화했어요. / "풀장 가자!"

朋友来电话得要让我们去游泳池。　　　　▶ 풀장, 수영장 游泳池

❸ 동생이 물었어요. / "영화 보러가?"

弟弟问了得要去不去看电影。

❹ 다른 사람이 물었어요. / "옆자리 비었어요?"

别人问我的旁边有没有空位。

❺ 의사가 충고했어요. / "술은 마시지 마세요."

医生警告我得要不能喝酒。　　　　　　　▶ 충고(하다) 警告

정답 卷子은은~~

① 사장님이 휴가보너스를 주겠다고 말씀하셨어요.　② 친구가 풀장 가자고 전화했어요.
③ 동생이 영화 보러 가냐고 물었어요.　④ 다른 사람이 옆자리 비었냐고 물었어요.
⑤ 의사가 술을 마시지 말라고 충고했어요.

~만 表示限定的助词

"~만" 接在体词, 助词, 副词, 词尾后, 表示 1/ 限定, 2/ 强调。
相当干汉语 "只, 仅"。

1/ 限定

例 밥만 먹지 말고, 반찬도 먹어라.   不要光吃米饭，也吃点菜。

오늘은 오전만 일합니다.   今天只上午工作。

형은 그저 조용히 듣기만 했어요.   哥哥只是静静地听。

지도만 있으면 어디든지 갈 수 있지요? 只要有地图哪儿都能去吧?

2/ 强调

例 오후만 되면 눈이 피로해요.   一到下午，眼睛就疲劳。

거짓말만 하고 약속을 안 지켜요.   光说瞎话，不守约。

이렇게 매운 것도 잘만 먹네요.   这么辣，你也能吃呀!

확인연습! 简单确认练习

다음 두 문장을 보기와 같이 한정을 나타내는 표현을 써서 한 문장
으로 뜻이 통하도록 만들어 보세요.
请参考例句，使用限定意思的表达方式，将下面的两个句子合为一个句子。

보기 밥 먹는다 + 반찬도 먹어라   밥만 먹지 말고 반찬도 먹어라.
      吃饭   吃菜   不要吃米饭也要吃点菜。

---

① 너무 많으면 버리게 됩니다 + 조금 싸주세요

太多了就会扔的，请给抱装点吧。

② 나무에 감이 많다 + 아직 덜 익었어요

虽然树上结了许多柿子可是还没有熟呢。

③ 거짓말 하다 + 약속은 안 지켰다

光说谎不守约。   ▶ 거짓말(하다) 说谎

④ 한숨 쉬다 + 방법을 찾아야지

不能光叹息得要找个办法。   ▶ 한숨(쉬다) 叹息

⑤ 뒤에서 조용히 듣다 + 아무 말도 안했어요

在后面安静的听，什么话都没说。

정답 卷子은요~~ 

① 너무 많으면 버리게 되니 조금만 싸주세요.   ② 나무에 감이 많지만 아직 덜 익었어요.
③ 거짓말만 하고 약속은 안 지켰어요.   ④ 한숨만 쉬지 말고 방법을 찾아야지.
⑤ 뒤에서 조용히 듣기만 하고 아무 말도 안했어요.

102

~밖에 只有, 仅有

"~밖에" 后接否定词 + "없다 / 안하다 / 못하다 / 모르다"
等搭配使用。"~밖에는" 是 "~밖에" 的强调形,
"~ㄹ / ~을 수밖에 없다" 表示 "只能做, 不得不做"。

"~밖에" 后接否定词 + "없다 / 안하다 / 못하다 / 모르다" 等搭配使用。

例 하나 밖에 없는 아들을 외아들이라 하지.
只有一个儿子就是独子呀。

한 15분 밖에 안 걸릴 거예요.
只用15分钟吧。

저는 한국말을 조금 밖에 못해요.
我只会一点韩国语。

돈 밖에 모르는 어른들이 많습니다.
只想着钱的大人多。

한 명씩 밖에는 못 들어갑니다.
只能一个一个地进。

단어를 많이 외울 수밖에 없어요.
只有多记单词。

짐이 많아서 택시를 탈 수밖에 없겠어요.
行李太多，只能打的士吧。

간단 확인연습! 简单确认练习

보기와 같이 문장을 바꾸는 연습을 해보세요.
请参考例句，完成句子变换。

보기 저는 한국말 조금 해요.
我会说点韩国语。

저는 한국말 조금밖에 못 해요.
我只会说一点韩国语。

① 우리 사무실에 여사원이 한 명 있어요.

我办公室里只有一名女社员。

② 소주는 조금 마셔요.

只能少喝一点白酒。　　　　　　　　　　　　　　　▶ 소주　白酒

③ 예배시간에 세 명 왔어요.

礼拜时间只来了三名。

④ 이번 중간고사에 한 문제 틀렸어요.

这次期中考试只错了一个问题。　　　　　　　　　　▶ 중간고사　期中考试

⑤ 하루에 네 시간 잠을 잡니다.

一天只睡了四个小时。

정답 卷子은인~~

① 우리 사무실에 여사원이 한 명밖에 없어요.　　② 소주는 조금밖에 못 마셔요.
③ 예배시간에 세 명밖에 안 왔어요.　　　　　　　④ 이번 중간고사에 한 문제밖에 안 틀렸어요.
⑤ 하루에 네 시간밖에 잠을 안 잡니다.

~(으)면서 一边~, 一边又~

接在谓词词干后, 表示两个动作或状态同时进行, 存在, 后续文和先行文的主语要一致。

~(으)면서

元音・ㄹ 词干 ＋ 면서

辅音词干 ＋ 으면서

例 그는 영문학자 이**면서** 수필가였어요.   他是英文学家, 同时又是散文家。

여기 당분간 있**으면서** 생각해 보려고 해요.   想呆在这儿, 好好想想。

큰 소리로 발음하**면서** 외우세요.   请边大声朗读边背诵。

스스로 학비를 벌**면서** 대학에 다녔답니다.   听说自己挣学费上大学。

언제나 밝게 웃**으면서** 생활합시다.   让我们永远笑对生活。

부자도 아니**면서** 남을 많이 돕는대요.   听说虽然不是有钱人, 还常帮助别人。

짐도 없**으면서** 왜 택시를 타요?   连行李都没有, 为啥打的士呢?

그 시장에는 싸**면서도** 좋은 물건이 많대요.   听说那个市场物美价廉的东西很多。

 **확인연습!** | 简单确认练习

보기와 같이 만들어 보세요.
请参考下面的例句，完成句子。

보기 부자도 아니다 + 남을 많이 돕는다 / 부자도 아니면서 남을 많이 돕는다.
不是有钱人　　　帮助很多人　　　　并不是富人但是帮助了很多人。

---

① 노래를 부르다 + 설거지한다
唱歌　　　　　洗碗
一边唱歌一边洗碗。

② 발을 흔들다 + 책을 읽는다
晃脚　　　　　读书
一边晃脚一边读书。

③ 껌을 씹는다 + 축구를 한다
嚼口香糖　　　踢足球
一边嚼口香糖一边踢足球。

④ 눈물을 흘리다 + 크게 소리친다
流泪　　　　　大声叫喊
一边流泪一边大声叫喊。

⑤ 사전을 찾는다 + 번역을 한다
找词典　　　　翻译
一边找词典一边翻译。

정답 卷子은은~~

① 노래를 부르면서 설거지한다.　② 발을 흔들면서 책을 읽는다.　③ 껌을 씹으면서 축구를 한다.
④ 눈물을 흘리면서 크게 소리친다.　⑤ 사전을 찾으면서 번역을 한다.

Track 58

~는지 / ~ㄴ지 / ~은지 / ~ㄹ지 / ~을지

表示要确认某一事实, 常和 "알다, 모르다, 말하다, 이해하다, 기억하다, 잊어버리다" 搭配使用。另外, "~는지 / ~ㄴ지 / ~은지 / ~ㄹ지 / ~을지" 后可接助词 "가, 는, 를, 도"。
表示现在和未来及推测时, "ㄹ词干" 的 "ㄹ" 音脱。

~는지 / ~ㄴ지 / ~은지 / ~ㄹ지 / ~을지

	动词/存在词	形容词/指定词
现在	~는지	~ㄴ지 /~은지
未来/推测	~ㄹ지/~을지	~ㄹ지/~을지
过去	~았는지/~었는지/~였는지	~았는지/~었는지/~였는지

例 국제 전화를 어떻게 거는지 아십니까?   你知道怎么打国际电话吗?

민속촌이 어디에 있는지 가르쳐 주세요.   请门, 民俗村在哪儿?

무슨 내용인지 이해할 수 있어요?   能理解是什么内容吗?

얼마나 작은지 크기를 재볼까요?   到底有多小, 量一下好吗?

손님이 몇 분이나 올지 알아보세요.   请确认能来几位客人。

그때 무슨 얘기를 했는지 잊어버렸어요.   那时候说的什么, 全忘了。

간단 확인연습! 简单确认练习

보기처럼 문장을 완성해 보세요.
请参考例句，完成句子。

보기	비상구가 / 어디 / 모르겠어요	비상구가 어디인지 모르겠어요.
	急救口　　哪　　不知道	急救口在哪我并不知道。

❶ 어느 나라 / 사람 / 구분이 어려워요

是哪个国家人很难区分。

❷ 신발 / 발 / 맞다 / 신어보세요

把鞋穿在脚上合不合适试一下。

❸ 다른 계획 / 있다 / 물어보세요

请问一问，是否有别的计划。

❹ 얼마나 / 좋다 / 날아갈 것 같습니다

不知道有多高兴，就要飞了似的。

❺ 몇 번 / 시합하다 / 기억 안 나다

比赛了几次都记不清了。　　　　　　　　　　　　▶ 기억 안 나다 记不清

정답 卷子은은~~

① 어느 나라 사람인지 구분이 어려워요. ② 신발이 발에 맞는지 신어보세요. ③ 다른 계획이 있는지 물어보세요.
④ 얼마나 좋은지 날아갈 것 같습니다. ⑤ 몇 번 시합했는지 기억이 안 나요.

105

~ㄹ / ~을지도 모르다

在上述104号的多种表达中,
"~ㄹ/~을지도 모르다" 是使用频率最高的。

~ㄹ / ~을지도 모르다

例 **이탈리아보다 더 비쌀지도 몰라요.**
也许比意大利更贵。

오후에는 비가 올지도 몰라요.
下午可能下雨。

음식이 좀 달지도 모르겠어요.
菜可能有点甛。

오늘은 문을 일찍 닫을지도 몰라요.
今天也许会早些关门。

간단 확인연습! | 简单确认练习

다음 보기와 같이 만들어 보세요.
请参考下面的例句，完成句子。

보기 돈이 **모자라다** / 몰라요
钱不够　　　　　不知道

돈이 **모자랄지도** 몰라요.
钱不一定能够的呢。

---

1 다음 주는 **한가하다** / 모르겠습니다
下一周清闲　　　　　不知道

不知道下一周是否清闲。

2 그 사람 주장이 **맞다** / 몰라요
他的主张是对的　　　不知道

也许他的主张是对的呢。
▷ 주장(하다) 主张

3 비가 **오다** + 우산을 가져가다
下雨　　　　带雨伞

并不知道下雨请带雨伞吧。

4 주차장이 **없어요** + 차를 가져가지 마세요
没有停车场　　　　别开车了

那里是否有停车场, 请别开车去了。

5 늦게 **돌아오다** + 먼저 식사하세요
来晚了　　　　先吃饭

可能回来的晚，请先吃吧。

6 내일 수업이 **없다** + 놀러 가요
明天没有课　　　去玩

明天不一定有课去玩吧。

정답 卷子은요~~

① 다음 주는 한가할지도 모르겠습니다.　　② 그 사람 주장이 맞을지도 몰라요.
③ 비가 올지도 모르니까 우산을 가져가세요.　④ 주차장이 없을지도 모르니 차를 가져가지 마세요.
⑤ 늦게 돌아올지도 모르니 먼저 식사하세요.　⑥ 내일 수업이 없을지도 모르니 놀러 가요.

106 ~만큼

体词 + "만큼" 表示程度, 限度。

谓词词干 + "는, 은(ㄴ), 을(ㄹ) + 만큼" 表示程度。

体词 +"만큼" 表示程度, 限度。

例 한국인만큼 부지런한 국민도 드물 거예요.
像韩国人那样勤劳的民族不多吧。

여러분, 한국어만큼 쉬운 외국어도 없지요?
诸位，再也没有像韩国语那么简单的外语了吧。

국제사회에 있어서 상호 이해만큼 중요한 것도 없을 겁니다.
在国际社会中没有比相互理解更重要的了。

谓词词干 +"는 / 은(ㄴ) / 을(ㄹ) + 만큼" 表示程度。

例 결국은 남에게 베푸는 만큼 돌아오는 겁니다.
一分付出，一分回报。

남의 도움을 받을 만큼 가난하지는 않은 것 같습니다.
他好像还没有穷到要靠别人资助的程度。

꼭 땀을 흘린 만큼 물을 마시도록 하세요.
流多少汗就要补充多少水。

모두가 깜짝 놀랄 만큼 한국말이 유창하대요.
听说他的韩国语流利得令人吃惊。

다음 보기와 같이 만들어 보세요.

请参考下面的例句，完成句子。

보기 분노하다 + 화나다 　　　　　　분노할 만큼 화나다.
　　　　愤怒　　　　发火　　　　　　　他发火发到, 就要愤怒的程度。

---

1 열심히 노력하다 + 결과가 좋다

只要认真怒力, 结果就一定会好的。

2 책을 많이 읽다 + 똑똑하다

只要读很多书, 一定会聪明的。

3 나이가 어리다 + 성장 확률이 크다

只要岁数小就会成长获率高。　　　　　　　　　　　▶ 성장확률　成长获率

4 그녀가 나를 좋아한다 + 나도 그녀를 좋아한다

只要她喜欢多少程度, 我就喜欢她多少。

5 국제 경기 경험이 있다 + 좋은 것은 없다

只要国际竞赛经验, 就没有比这好的。　　　　　　　▶ 국제 경기 경험　国际竞赛经验

정답 卷子은은~~

① 열심히 노력한 만큼 결과가 좋다.　② 책을 많이 읽은 만큼 똑똑하다.　③ 나이가 어린 만큼 성장 확률이 크다.
④ 그녀가 나를 좋아한 만큼 나도 그녀를 좋아한다.　⑤ 국제 경기 경험이 있는 만큼 좋은 것은 없다.

107 定语形

接在谓词(动词, 形容词, 存在词, 指定词)后的 "은/는(ㄴ)/을/ㄹ/던",
与谓词一起修饰后面的体词(名词, 代词, 数词), 叫做定语形。

形容词的定语形

	词干	定语形	基本形	词干+定语形	用例
过去 (回想)	元音	～던	싸다	싸 + 던	싸던 과일 便宜水果
	ㄹ脱落	～던	길다	길 + 던	길던 머리 长发
	辅音	～던	깊다	깊 + 던	깊던 호수 深湖水
	ㅂ变音	～던	춥다	춥 + 던	춥던 겨울 寒冷的冬天
现在	元音	～ㄴ	싸다	싸 + ㄴ－싼	싼 과일　便宜水果
	ㄹ脱落	～ㄴ	길다	길 + ㄴ－긴	긴 머리　长发
	辅音	～은	깊다	깊 + 은	깊은 호수 深深的湖水
	ㅂ变音	～운	춥다	춥 + 은－추운	추운 겨울 寒冷的冬天
未来	元音	～ㄹ	싸다	싸 + ㄹ－쌀	
	ㄹ脱落	～ㄹ	길다	길 + ㄹ－길	
	辅音	～을	깊다	깊 + 을	
	ㅂ变音	～을	춥다	춥 + 을－추울	

 关于推测的形容词的未来时定语形参照 上述 85号。

动词的定语形

	词干	定语形	基本形	词干+定语形	用例
过去	元音	～ㄴ	오다	오 + ㄴ – 온	온 사람　来了的人
	ㄹ脱落	～ㄴ	줄다	줄 + ㄴ – 준	준 수입　减少的收入
	辅音	～은	읽다	읽 + 은 – 읽은	읽은 잡지 读过的杂志
现在	元音	～는	오다	오 + 는	오는 사람 正在来的人
	ㄹ脱落	～는	줄다	줄 + 는 – 주는	주는 수입 减少着的收入
	辅音	～는	읽다	읽 + 는	읽는 잡지 正读着的杂志
未来	元音	～ㄹ	오다	오 + ㄹ – 올	올 사람　要来的人
	ㄹ脱落	～ㄹ	줄다	줄 + ㄹ – 줄	줄 수입　要减少的收入
	辅音	～을	읽다	읽 + 을	읽을 잡지 要读的杂志

"던" 表示过去回想, 曾经做过什么, 与 "~었던", "~였던" 意义相同。

	词干	定语形	基本形	词干+定语形	用例
过去 (回想)	元音	~던	오다	오+던	오던 사람 来的人
	ㄹ脱落	~던	줄다	줄+던	줄던 수입 减少的收入
	辅音	~던	읽다	읽+던	읽던 잡지 读着的杂志

形容词与动词的定语形的比较

	词干	过去回想	过去	现在	未来
形容词	元音		~던~	~ㄴ~	~ㄹ~
	ㄹ脱落		~ㄹ던~	~ㄴ~	~ㄹ~
	辅音		~던~	~은~	~을~
动词	元音	~던~	~ㄴ~	~는~	~ㄹ~
	ㄹ脱落	~ㄹ던~	~ㄴ~	~는~	~ㄹ~
	辅音	~던~	~은~	~는~	~을~

다음의 용언을 보기처럼 **현재 / 과거 / 미래형**으로 만드세요.
请参考例子，把下面的单词改为现在 / 过去 / 未来型。

보기 길다
长 긴 / 길던(길었던) / 길

1 춥다
冷

2 오다
来

3 주다
给

4 읽다
读

5 가다
走

정답 卷子은요~~

① 추운/춥던(추웠던)/추울　　② 오는/온(왔던)/올　　③ 주는/준(주었던)/줄
④ 읽는/읽은(읽었던)/읽을　　⑤ 가는/간(갔었던)/갈

108

形容词中韵尾 ㅎ 的音变规则

形容词词干的末音节为 "ㅎ" 时, 都有其活用形,
但除 "좋다" 而外, 其音变规则如下:

韵尾 "ㅎ" 后为元音 "~아 / ~어", "~았 / ~었", "~아서 / ~어서" 时。
"ㅎ" 音脱落, 其后的末音节元音 "ㅏ/ㅓ" 变为 "ㅐ", 和 "ㅑ/ㅕ" 变为 "ㅐ/ㅖ"。

	기본형	~아/어요.	~았/었어요	~았/었습니다
规则	좋다　好	좋아요.	좋았어요.	좋았습니다.
不规则	이렇다 这样	이래요.	이랬어요.	이랬습니다.
	빨갛다 红	빨개요.	빨갰어요.	빨갰습니다.
	파랗다 篮	파래요.	파랬어요.	파랬습니다.
	하얗다 白	하얘요.	하얬어요.	하얬습니다.
	부옇다 灰蒙蒙	부예요.	부옜어요.	부옜습니다.

注意 주의

动词

낳다 生, 넣다 放入, 놓다 放置, 땋다 编辫, 빻다 磨面,碾粉,
쌓다 堆积, 찧다 捣舂…. 等等, 大部分动词遵循规则活用。

韵尾 "ㅎ" 与 "은", "을", "으면" 相接时，"ㅎ" 与 "으" 均脱落。

	기본형	∼은데	∼을	∼으면
规则	좋다　好	좋은데	좋을	좋으면
不规则	이렇다 这样	이런데	이럴	이러면
	빨갛다 红	빨간데	빨갈	빨가면
	파랗다 篮	파란데	파랄	파라면
	하얗다 白	하얀데	하얄	하야면
	부옇다 灰蒙蒙	부연데	부열	부여면

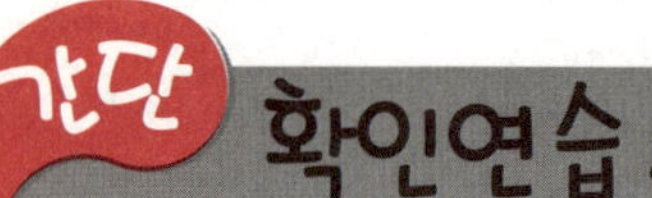 

보기를 참고하여 알맞게 고쳐 넣어보세요.
请参考例子，适当的变换单词并填空。

보기 그녀는 잠이 부족한 듯 얼굴이 부석부석하고 눈알이 빨갛다 충혈되어 있었다.

她好像缺少睡眠不，但脸发肿而且眼睛冲血了。　**빨갛게**

---

❶ 멀리 길가에 파랗다 　　　　 지붕이 듬성듬성 보였다.

远的道边上，能看见稀少的绿色房顶。

▶ 듬성듬성　稀少，稀疏

❷ 휴가 기간에 바닷가에 갔다 온 그녀는 피부가 빨갛다 　　　　 익어 있었다.

休假去海边度假回来的她，已经皮肤都红红的熟了的。

❸ 그 위로 하얗다 　　　　 구름이 뭉게뭉게 피어 있는 것이 보일 뿐이었다.

那顶上只能看到白云飘飘的样子。

▶ 뭉게뭉게　飘飘地，朵朵地

❹ 그 아이 얼굴이 노랗다 　　　　 무슨 탈이라도 난 건지 걱정이 되었다.

很担忧那孩子脸色发黄的，是不是有什么毛病了。

❺ 오랫동안 사용하지 않은 식탁이 먼지로 부옇다 　　　　.

好久未用的卓面上灰尘尘的。

정답 卷子은요~~

① 파란　② 빨갛게　③ 하얀　④ 노래서　⑤ 부옇다

저자 약력

김청환 金淸煥

국어국문학, 철학(동양), 중어중문학 전공
시인, 칼럼니스트
전) 우송대, 예원예술대 출강
현) 전북대, 전주대, 방송통신대 출강

역서 : 「소식의 시세계와 평론 –동파 제발 3.4」 신성출판사(2008)
논문 : 「关于节义精神的考察」 중국, 소주교육학원 학원보(2007)
　　　「孙子兵法의 应用术을 通해 본 古典可用性 考察」 동양고전연구(2008)
　　　「利用意识沟通教授法解析韩国语教学」 한국사상과 문화(2009)
　　　「禅과 诗에 共存하는 妙悟 一考」 온지논총(2010)
　　　「임진왜란과 절의정신의 表仪에 대한 小考」 온지논총(2012) 외 다수
방송 : 「SBS(CJB)스페셜 – 운명보다 자신을 믿어라, – 아름다운 만남, 멋진 인연 등 교양강좌,
　　　"부여 고도아카데미", "임실군청 희망아카데미" 등 교양 · 문화강좌

한국어 기초와 핵심정리

한국어 문법

韩国语基础和核心整理 108个韩国语语法　2

저자 김청환
1판 1쇄 2014년 8월 25일　　　발행인 김인숙　　　　　　발행처 (주)동인랑
Editorial Director 김인숙 · 김혜경　　Designer / Illustrator 김미선
Printing 삼덕정판사

139–240
서울시 노원구 공릉동 653–5

대표전화 02–967–0700
팩시밀리 02–967–1555
출판등록 제 6–0406호
ISBN 978–89–7582–534–7

동인랑에서는 참신한 외국어 원고를 모집합니다.